Anonymous

Time is Money

Anonymous

Time is Money

ISBN/EAN: 9783744653794

Hergestellt in Europa, USA, Kanada, Australien, Japan

Cover: Foto ©ninafisch / pixelio.de

Weitere Bücher finden Sie auf **www.hansebooks.com**

TIME IS MONEY!

III.

Weiterbildung unserer Verfassung.

Sammeln wir uns!

Prag, Ende October 1862.
Verlag von F. Tempsky.

Gerzabek'sche Buchdruckerei (K. Seyfried) in Prag. 1862.

I.

Reichstag und Landtage.

Die Weiterbildung unserer Verfassung ist nicht etwa eine bedeutend schwierigere Aufgabe als in andern Ländern — sie ist geradezu, namentlich den Standpunkten gegenüber, welche die Dinge in Lombardo=Venetien, in Ungarn, selbst in Galizien noch fortwährend einnehmen, eine einzige und nirgends dagewesene. Eine Weiterführung der Verfassung von 1849 hätte einen ungleich günstigeren Boden gefunden. Wenn Oesterreich damals, während ringsum die politische Atmosphäre eine andere geworden, während man in manchem Nachbarlande nur wenige Schritte von den Zuständen, aus denen die Wirren der Jahre 1848 und 1849 hervorgegangen, entfernt war und sich, daß man es so weit — z u r ü c k ! — gebracht hatte, vergnügt die Hände rieb, wenn Oesterreich inmitten dieser allseitig falsch verlockenden Beispiele festgehalten hätte an der heilsamsten von den Errungenschaften der gewaltsamen Durchgangsepoche; wenn es von dem endlich gewonnenen Ruhepunkte aus, unterstützt von der neugewonnenen politischen Einheit des Reiches, von der administrativen Kraft der Regierung, von dem unbestrittenen

Ansehen seiner äußeren Politik, von dem mit frischen Lorbeeren geschmückten Siegesglanze seiner bewaffneten Macht, die Verhältnisse in natürlichem Gange sich hätte entwickeln, die Gegensätze sich ausgleichen, die Vereinigungspunkte gewinnen lassen, wo stünden wir heute? Jetzt ist alles anders und schlimmer; wir müssen viel höhere Preise um einen bei weitem minder sicheren Gewinn einsetzen — die alte Geschichte von den sibyllinischen Büchern! Unser Heer ist geschlagen im Felde und hat noch keine Gelegenheit gehabt die Scharte auszuwetzen; wo es dazumal Fronte durch die ganze Breite des europäischen Festlandes machte, den rechten Flügel in Hamburg, den linken in den Legationen, da muß es sich jetzt im venetianischen Festungsviereck und in der natürlichen Veste der tiroler Berge gegenüber einem nicht ebenbürtigen Feind in abwartender Stellung geschlossen halten. Wir sind ohnmächtig in der äußern Politik; unsere Diplomatie hat nicht die Macht, den jüngsten der von uns geschlossenen Staatsverträge zum Vollzug zu bringen; wir müssen zusehen und bitten, wo wir zuvor eingriffen und dictirten; unsere Allirten von früher verbünden sich mit unseren Feinden und treiben Spott mit den gerechtesten unserer Anforderungen. Wir sind zerrissen im Innern; beinahe die Hälfte des Reiches befindet sich im Zustande theils legaler Anarchie theils revolutionärer Apathie; dießseits der Adria Terrorismus der Nessuno-Partei, jenseits der Adria Terrorismus der Emigration und der mazzinischen geheimen Comités; da Szoszat, dort Bože cos' Polske. Und inmitten solchen Gewirres im Innern, unbestimmter aber unabwendbarer Gefahren von außen, gelähmter Kraft und gesunkenen Ansehens soll unsere junge Verfassung zu Kräften kommen, soll eine gemeinsame Vertretung geschaffen, ein gemeinsames Ziel vorgesteckt, sollen die Männer in den verschiedenen Ländern gefunden werden, die, wenn auch abweichender Meinung in Einzelnheiten, doch einmüthig in der Hauptsache

e i n e n Weg mit einander zu gehen entschlossen und be=
fähigt sind!

Darf man sich mit der Aussicht schmeicheln, daß der
Ausweg aus diesem Labyrinthe auf den ersten Wurf könne
gefunden werden? daß die best ausgesonnenen Hebel und
Werkzeuge sich bei der Inswerksetzung als ausreichend be=
währen werden? daß die Leute und die Dinge, mit denen
man sie in Thätigkeit setzen will, sich durchaus als solche
zeigen werden, wie sie sich der politische Werkkünstler gedacht,
gewünscht hatte? Karl V. und seine Uhren, die er auf gleich
bringen wollte! Und was sind Uhren gegen Menschen?
Fast jedes Jahr bringt uns neue Kunde von einem scharf=
sinnig ausgedachten Perpetuum mobile, das Wunder wirkt
— in der Berechnung auf dem Papiere, das aber in Holz
oder Metall ausgeführt seinen Erfinder schmählich sitzen läßt.
Und was ist ein „knechtisch dem Gesetz der Schwere" die=
nendes Perpetuum mobile gegen die geistig freie und selbst=
willige mobilium turba Quiritium?! Was sind die schwer
berechenbaren Factoren der Reibung, der Hitze und Kälte,
der feinen Stäubchen und Feuchtigkeiten gegen die unberechen=
baren Schwingungen in der Laune und Stimmung jener
großartigen sittlichen Maschinen, die wir Gesellschaft, Volk,
Staat nennen?! „Schade", ruft Lichtenberg aus, da er das
Beispiel von dem Perpetuum mobile gebraucht, „Schade,
daß der Philosoph von seinen Republiken, der Reformator
von seinen Reformationen keine Modelle machen kann; denn
es gehört schon eine große Stärke im philosophischen Calcul
dazu, vorher zu sagen, daß sie nicht gehen werden."

Darum, geben wir uns keinen sanguinischen Hoffnun=
gen hin; gestatten wir vielmehr der Ueberzeugung Raum,
daß wir noch so manches werden versuchen müssen, ehe wir
das wahre treffen! Seien wir von vorn herein darauf ge=
faßt, noch verschiedene Phasen unseres Verfassungslebens
durchkämpfen zu müssen, weil sich manches in der Ausfüh=

rung nicht so bewähren wird, wie wir es klüglich werden
vorherbedacht und erwogen haben! Lassen wir nicht mit ei=
nem leichtsinnig=resignirten „vogue la galère" unser Staats=
schiff ein Spiel der Winde und Wellen hin und her treiben
— „L'Autriche marche maintenant à l'inconnu!" wie
vor einigen Monaten der Vertreter einer fremden Macht
sagte —; aber verlieren wir auch nicht gleich den Kopf und
rufen ein verzweifeltes „Rette sich wer kann", wenn Klip=
pen und Riffe seinen Kiel bedrohen, wenn Sturm und Un=
wetter eine gefahrvolle Fahrt voraussehen lassen! Mögen
jene unter uns, die den Beruf in sich fühlen mit waltender
Obsorge den Gang der öffentlichen Angelegenheiten zu ver=
folgen, der natürlichen Entwicklung der Dinge ihren noth=
wendigen Verlauf gönnen, aber mögen sie dabei gleich dem
bedächtigen Oranien „immer wie über einem Schachspiele"
stehen, keinen Zug der einen oder andern Seite für unbe=
deutend achten, sondern es, „wie müßige Menschen mit der
größten Sorgfalt sich um die Geheimnisse der Natur be=
kümmern", für ihre Aufgabe ansehen, „die Gesinnungen, die
Rathschläge aller Parteien zu kennen!"

Wir konnten bisher der Entwicklung unserer Verfassung
wenig froh werden. Wir hatten es Mai 1861 auf einen
allgemeinen Reichsrath abgesehen; schon nach wenig Wochen
mußten wir uns mit einem engeren begnügen; und selbst
auf diesen schienen die thatsächlichen Verhältnisse nicht zu
passen, so daß die Räthe der Krone gefragt werden durften,
ob man es etwa mit einem engsten versuchen wolle. Die
Länder jenseits der Leitha sind bis jetzt gar nicht vertreten,
eben so das lombardisch=venezianische Königreich; von den
übrigen hält sich ein sehr bedeutender Theil in principieller
Unthätigkeit von der Theilnahme an der wichtigsten und
weitaussehendsten unter den bisherigen Verhandlungen fern.

Wir wollen nicht untersuchen, welches Gewicht die Gründe haben, womit die Letzteren diesen ihren passiven Widerstand zu rechtfertigen streben. Wir wollen es unerörtert lassen, ob die Czechen und die Polen, indem sie sich von einem bedeutenden Abschnitte des parlamentarischen Kampfspieles selbst ausschlossen, klug und bedächtig handelten, und ob nicht, dafern sie sich durch ihre politische Ueberzeugung dazu gedrängt fühlten, eine formulirte Verwahrung dasselbe gethan hätte. Wir wollen nicht fragen, ob nicht geradezu die Andern Recht haben, die da meinen, daß, „bis die Vereinigung der Vertreter aller Völker der Monarchie endlich stattfindet, jene allein patriotisch und österreichisch handeln, welche nach bestem Wissen und Gewissen mit der Regierung zusammenwirken, um das financielle und politische Vertrauen zu kräftigen." Wir wollen einfach die Thatsache constatiren, wie sie vor uns liegt und zur Erwägung drängt, was geschehen solle, um aus solch unhaltbarem Zustande herauszukommen.

Aus der Thatsache, von der wir so eben Act genommen, scheint sich die Schlußfolgerung ziehen zu lassen: **daß unser centrales Verfassungsleben, wie es sich seit Mai 1861 entwickelt hat, mit den großen politischen Factoren, deren Zusammensezung unseren Gesammtstaat ausmacht, nicht in wünschenswerthem Einklange steht** — und daraus scheint sich weiter zu ergeben, daß nichts anderes übrig bleibe denn eine Aufhebung oder Umoctroyirung der Charte vom 26. Februar, auf deren Bestimmungen jenes centrale Verfassungsleben beruht.

Ist zu einem solchen Schritte zu rathen?

Wir meinen, nichts wäre gefährlicher als dieß!

Betrachten wir die Sache zuerst von der formalen Seite. Welche Gewähr wollten jene, die sich getrauen an die Stelle der Charte vom 26. Februar eine andere zu sezzen, dafür bieten, daß diese andere das allein Richtige bringen werde, um allen unseren Schäden abzuhelfen? daß ihr Werk nicht einem eben so vielköpfigen und hartnäckigen Widerspruche begegnen werde wie heute die Februarverfassung? daß daher der einzige Gewinn — wenn das ein Gewinn! — der wäre, daß die Lage der Dinge einfach umgekehrt würde, die heutige Opposition das Panier der Verfassung aufsteckte, die Schaar der heutigen Verfassungsfreunde dagegen die Rolle von Seiner Majestät allergetreuester Opposition übernähme? Was wäre die Folge davon, als daß, wenn morgen sich das Blatt wendete, das alte Spiel von vorn begänne, die Stelle der umoctrohirten Charte wieder die frühere oder eine zum drittenmal umstaltete Verfassung einnähme. Wohin aber sollte es kommen, wenn heute ein neues, in seiner Anschauung und Auffassung des Octoberdiploms abweichendes Parteiprogramm mit einer neuen Verfassung hervorträte, die nach kurzem Bestande, wenn wieder die frühere oder eine dritte Partei an's Ruder käme, durch eine noch neuere ersetzt werden könnte? Das wäre das unseligste Schaukelsystem, das heilloseste „Hinüber herüber", das sich denken ließe. Alles Vertrauen in die Beständigkeit der Staatsgewalt, in die Haltbarkeit irgend welcher politischer Grundsätze müßte schwinden; die Moralität der Regierungsorgane würde untergraben; mit der Achtung vor dem Gesetze und dessen Autorität wäre es am Ende; der öffentliche Credit wäre vernichtet. „Zu viel schon", bemerkte mit Recht ein Wiener Blatt über den 26. Februar 1861, „zu viel schon ist in diesen zwölf Jahren zurückgenommen und abgeändert worden, als daß nun noch einmal das Gegebene in Frage gestellt werden könnte und dürfte."

Doch gehen wir auf das Wesen der Sache ein.

Wir bedienten uns oben geflissentlich des Ausdruckes: es scheine, daß unser jetziges Verfassungssystem mit den großen politischen Factoren, die es in einen Brennpunkt zu ſammeln ſuche, nicht in erwünſchtem Einklange ſtehe. Wie die Dinge in dieſem Augenblicke ſtehen, ſcheint dieß allerdings nicht bloß, ſondern iſt wirklich ſo. Aber wer will ſich erkühnen zu behaupten, daß die thatſächlichen Verhältniſſe des gegenwärtigen Augenblickes maßgebend ſeien? Es hat bisher noch niemand den Beweis erbracht, daß das nicht zu läugnende Wirrſal unſerer Tage ſeinen einzigen, ja auch nur ſeinen hauptſächlichſten Grund in den Principien der Verfaſſung vom 26. Februar habe, daß folglich jenes ein Ende nehmen müſſe, ſobald von dieſem abgelaſſen würde. Eher könnte der gegentheilige Beweis gelingen: daß, was unſeren wundeſten Fleck, das Verhältniß zu Ungarn betrifft, Gottvater ſelbſt vom Himmel herabſteigen und uns die beſte der Geſammtverfaſſungen beſcheren könnte, und man würde ſich jenſeits der Leitha, wie noch heute die Dinge ſtehen, doch nicht zufrieden geben.

Allein geſetzt, es ſei die Wurzel der Uebel, an denen wir jetzt kranken, einzig und ausſchließend in unſerer gegenwärtigen Verfaſſung zu ſuchen, und angenommen, es laſſe ſich eine andere, die alle Königreiche und Länder zugleich umſpannte und befriedigte, finden — erfinden wird ſie ſich kaum laſſen. Mit dem Erfinden von Verfaſſungen hat man ſeit 1789 ſchlechte Geſchäfte gemacht. Die Verfaſſungen der alten und mittleren Zeit trugen insgeſammt das Merkmal an ſich, daß ſie in ihrem Weſen aus den gegebenen Verhältniſſen herausgewachſen waren und die großen Geſetzgeber mehr nur formulirten, in Reime brachten, was als bildſamer Stoff ſchon vorhanden war und ſich unter ihrer verſtändig nachhelfenden Hand wie von ſelbſt zuſammenfand. Noch in den ſiebenziger Jahren des vorigen Jahrhunderts rief Portugals genialer Pombal ſeinen Nachfolgern im Miniſterium die Mahnung zu: „Mögen ſie fliehen jene Neuerungen, mit welchen unpraktiſche Männer dasjenige zu verbeſſern ſuchen, was gut iſt, in der Hoffnung es beſſer zu machen, da die Erfahrung gezeigt hat, daß sie durch solche Neuerungen, statt die Zwecke zu erreichen, die sie für die wünschenswertheſten halten, in der That das Gute verlieren, das sie einst besaßen, zum unersetzlichen Schaden der Krone, der sie dienen, und der Unterthanen, die sie regieren." Von dieser Ueberzeugung gingen alle großen Staatsmänner aus und die davon nicht ausgingen, waren keine großen Staatsmänner, wie der leichtfertige Verfassungskünstler Abbé Siéyes, der das Vergnügen hatte, seinem Vaterlande binnen wenig Jahren der Reihe nach drei Constitutionen zu geben, von denen eine theoretisch schöner und untadelhafter, aber auch eine praktisch unhaltbarer als die andere war. Denn erst dem Schluße des „philosophischen" Jahrhunderts war es vorbehalten, für die Lösung der wichtigsten staatlichen und gesellschaftlichen Probleme nicht von den thatsächlichen Verhältnissen, sondern von selbst geschaffenen Ideen, von den Principien eines „Contrat social" u. dgl. auszugehen. Von den Verfassungen der früheren Jahrhunderte konnte man mit Bezug auf die darin gewahrten Grundlagen und Umrisse des Staatslebens sagen: „Was vernünftig ist, das ist"; die neueste Zeit hat den Satz umgekehrt und die Erbärmlichkeit der Sache mit dem Bombast der Worte zu bemänteln gesucht: „Was ist, das ist vernünftig." Es ist eine bedauernswerthe Erscheinung, daß das geistreichste und liebenswürdigste Volk des neueren Europa es nach mehr als achtzig Jahren politischen Lebens dahin gebracht hat, andern Völkern, die erst am Eingange dieser Laufbahn stehen, nicht als Beispiel, sondern als Warnung hingestellt werden zu müssen. Auf dem Wege momentaner Verfassungsmacherei kann uns, deren Verhältnisse so spröder eigenthümlicher Natur sind, kein dauerndes Heil erblühen, am allerwenigsten wenn man sich dabei, wovon nur zu Viele immer nicht lassen mögen, an auswärtige Vorbilder halten will. Wer von der Meinung befangen ist, daß sein schwacher Arm eingreifen und etwas ändern könne an den Gesetzen des natürlichen Entwickelungsganges; wer so jugendliche Anschauung hat, daß er Welt und Menschen, Volk und Staat für eine tabula rasa ansieht, auf deren geglättetem Boden er ein beliebiges Gebäude aufbauen kann; wer da glaubt, eine Verfassung sei wie ein Kleid, für das man an dem einen Volke Maß nehmen könne, um ein gleiches für ein anderes Volk zuzuschneiden: der mag Philosoph sein, mag Dichter, Humanist, Kosmopolit, mag alles sein was er will, aber Staatsmann ist er nicht. Was im Leben des Einzelnen wie im Leben der Völker festen Halt gewinnen soll, muß wachsen und werden — erklügeln und erkünsteln läßt sich da nichts.

„Aber damit wäre ja", hören wir sprechen, „auch über unsere Februarverfassung das Urtheil gesprochen; denn auch sie ist nicht geworden und gewachsen, sondern künstlich erdacht und gemacht worden." Wohl ist sie das und eben darum haben wir die Mahnung ausgesprochen, daß wir von vorn herein darauf gefaßt sein sollen, noch verschiedene Phasen unseres Verfassungslebens durchkämpfen zu müssen, ehe wir hoffen dürfen festen Grund zu fassen. Allein nachdem einmal mit unsern alten Traditionen gebrochen worden, nachdem der Faden, an dem wir unter früher bestandenen Verhältnissen unsere verfassungsmäßigen Weisen anknüpfen konnten, abgerissen war, blieb nichts anderes übrig, als auf künstlichem Wege einen Anfang zu schaffen, und für solchen Anfang taugt unsere Februarverfassung, von der Rechtsfrage und dem Loyalitätsstandpunkte ganz abgesehen, so gut wie irgend eine andere, sobald sie nur keine starre ist, welche die Möglichkeit jeder Weiterbildung ausschließt. Die dringendsten Rücksichten der Klugheit und Besonnenheit gebieten, endlich einmal an einem Gegebenen festzuhalten und nur von diesem aus die Erreichung des ersehnten Zieles zu suchen. Im gemeinen Leben heißt es: ein mittelmäßiger Arzt, der aber unsere Natur kennt und an den wir gewohnt sind, sei dem steten Wechsel der genialsten Heilkünstler vorzuziehen. Das gilt auch von unserem Staatsleben. Man kann nun allerdings nicht sagen, daß wir die Februarverfassung in der kurzen Zeit, durch die wir sie besitzen, gewohnt seien. Allein wenn wir sie ohne weiters verdrängen, um einer andern Platz zu machen, und wenn diese andere nach dem „heute mir morgen dir" über kurz oder lang gleichem Schicksal entgegensehen müßte, dann werden wir am Ende keine gewohnt werden können und vor lauter Experimenten zu keinem Ruhepunkte, zu keinem Anfang gründlicher Heilung kommen.

Und darum handelt es sich vor Allem, um den Anfang zur Heilung, die, wir wiederholen es und können nicht oft genug darauf zurück kommen, eine gründliche nur sein kann, wenn sie den natürlichen Proceß, krankhaftes abzustoßen, lebensfähiges anzusetzen, verstümmeltes zu ergänzen, durch keinen künstlichen stört, sondern durch wachsame Beobachtung, durch Beseitigung der Hindernisse fördert. Unser Zuthun wird also mehr ein passives, denn ein actives sein müssen. Wir haben eigentlich nicht einzugreifen, sondern nur den Weg frei zu machen, auf dem die Entwickelung ihren naturgemäßen Verlauf zu nehmen hat. Mag auch einer von uns das wahre Endziel vor seinem Geiste zu schauen glauben, so wird es sich, ist es wirklich das wahre, von selbst Bahn brechen; kommt etwas anderes zum Vorschein, so mag er sich bescheiden, daß er trotz seines redlichen Willens und seiner vermeintlichen Einsicht das rechte nicht getroffen hat.

Unseren so eben entwickelten Anschauungen gemäß werden es zwei Fragen sein, auf deren Beantwortung es ankommt:

Von welchem Punkte aus läßt sich voraussetzen, daß die Weiterbildung unserer Verfassung ihren Ausgang nehmen werde?

Was haben wir zu thun, um den Weg dafür zu bereiten, die ungehinderte Entwickelung dieses Processes zu begünstigen?

Was die erstere Frage betrifft, so wird eine kurze Ueberlegung hinreichen, uns klar zu machen, daß in vorderster Linie nicht an den Reichsrath zu denken sei. Er ist es ja, der in diesem Augenblicke den gewichtigsten Stein des Anstoßes nicht nur für die Länder der ungarischen Krone, sondern auch für einen großen Theil der Stimmführer in den nicht-ungarischen Ländern bildet. Aenderungen in dem Grundgesetze bedürfen eine „Mehrheit von wenigstens zwei Dritteln der Stimmen in beiden Häusern" und dabei ist nicht auf den engsten, nicht einmal auf den engeren, sondern auf den vollständigen Reichsrath gedacht, der folglich erst beisammen sein muß, was wir noch auf Jahre hinaus nicht zu hoffen haben. Allein, so hören wir fragen, warum sollte es nicht angehen, in der außerordentlichen Lage, in der wir uns befinden und die im gebotenen Momente die Ergreifung von außerordentlichen Vorkehrungen entschuldigen muß, zu einem ähnlichen Auskunftsmittel zu greifen, das man für die Berathung der Finanzvorlagen in Anwendnng brachte? Wir gedachten in unserem ersten Theile eines von ungarischer Seite gemachten Vorschlages, der darauf hinausging, die achtundvierziger Gesetze vom Pester Landtage, die Februarverfassung vom Wiener Reichsrathe revidiren und von diesen zweiseitigen Revidirungen aus die vereinigende Mitte suchen zu lassen. Sehen wir von dem Pester Landtage ab; wir haben bei jenem früheren Anlasse die Ueberzeugung ausgesprochen, daß wir von da aus, solange die Sachlage sich nicht wesentlich geändert hat, nichts förderliches zu erwarten haben. Aber würde etwa der zu einer Verfassungs-Constituante umgeschaffene engere Reichsrath zu tröstlicheren Hoffnungen berechtigen, so lange dessen Elemente dieselben blieben, die oft bei geringfügigen Anlässen hart aneinander geriethen, die bei dem bedeutendsten unter den seitherigen Verhandlungsgegenständen sich völlig von einander schieden? Hier „die Parteien des liberalen Dafürhaltens oder des politischen Rationalismus", die „keine andere Rechtsquelle anerkennen, als sich selbst" und „durch das Monopol der Stimmenmehrheit Fürst und Volk gleichmäßig beherrschen und unterdrücken" wollen — dort die böhmischen und galizischen „Landtagsboten", welche die Zulässigkeit bloßer Opportunitätsmaßregeln anzuerkennen sich sträuben und mit unbeugsamer Hartnäckigkeit auf der Erfüllung dessen bestehen, wozu sie ihrer politischen Ueberzeugung zufolge einberufen sind.

Allein diese thatsächlichen Verhältnisse sind nicht der Hauptgrund, warum wir meinen, daß die Ausbildung unserer Verfassung nicht unmittelbar und ohne Vorbereitung von der Reichsvertretung ausgehen könne. Der Hauptgrund ist vielmehr der, daß ja unsere Reichsvertretung in einem ihrer Bestandtheile auf die Landesvertretungen gebaut ist, aus deren Mitte ihre Glieder hervorgehen und in deren Schoß sie nach beendeter Jahressitzung wieder zurückkehren. Soll daher nicht eine palliative Heilung versucht, sondern eine gründliche Erstarkung angebahnt werden, so muß man sich entschließen auf die Wurzel der vorhandenen oder vermeintlichen Uebelstände zurückzugehen und von da aus entweder die Beseitigung der ersteren sich anbahnen oder das Mistrauen gegen die letzteren verscheuchen lassen. Mit andern Worten: **Nicht der Reichsrath ist es, sondern die Landtage sind es, worauf für die Zeit unserer Verfassungskrisis der Schwerpunkt der Entscheidung fällt und von wo aus sich entweder das Vorhandene kräftigen oder Neues entwickeln muß.** Wird dieser Vorgang in seinem Verlaufe ohne Frage ein verwickelterer und langwierigerer, so wird er dafür außer Zweifel in seinen Folgen ein desto nachhaltigerer sein. Und wahrlich unser Wahlspruch „Time is money" will nicht besagen, daß wir in so höchstwichtigen Lebensfragen, von denen Bestand und Zukunft, Heil und Wohlfahrt der Monarchie, jedes einzelnen ihrer Länder, jedes einzelnen von uns abhängt, etwas über das Knie brechen sollen; unser „Time is money" will nur besagen, daß wir nicht die Hände in den Schoß legen oder, was vielleicht noch schlimmer, ohne Rath und Ziel hin und herfahren, bald hier flicken, dann wieder dort darein schlagen, sondern daß wir ohne Säumen daran gehen sollen, uns klar zu machen was wir wollen und Hand anzulegen um das als recht erkannte sicher und unverlierbar zu erreichen. Mit andern Worten, unser „Time is money" gilt nicht einer überstürzten Verfassungsberathung und endgiltigen Beschlußfassung, sondern dem unverweilten B e g i n n e n der ersteren und der unausgesetzten A n b a h n u n g der letzteren, deren früherer oder späterer Eintritt nicht in unserer Macht liegt.

Wir haben wohl nicht das Misverständnis zu befürchten, als ob wir meinten, daß die Ausbildung unserer Gesammtstaatsverfassung in den Landtagen nicht bloß ihren Anfang, sondern auch ihren Abschluß zu finden habe. Denn wenn wir uns dahin aussprachen, daß dieser Proceß von der Reichsvertretung nicht in vorderster Linie anheben könne, so wollten wir nicht im geringsten daran rütteln, daß derselbe in letzter und höchster Instanz nur dort zu Ende kommen könne. Aber weil unsere Reichsvertretung auf den einzelnen Landesvertretungen ruht, so ist in den letzteren der Punkt gegeben, von wo unter allen Umständen ausgegangen werden muß. Und weil es einerseits thatsächlich große und einflußreiche Parteien gibt, die mit der Verfassung, wie sie dermalen besteht, nicht zufrieden sind, und weil andrerseits die von dem allergnädigsten Monarchen besiegelten Urkunden unserer Reichsverfassung wie der einzelnen Landesverfassungen die Zulässigkeit wohlerwogener Aenderungen ausdrücklich gewährleisten: so sind es zunächst die Landtage und die Landesverfassungen, wo nachgesehen und der erste Streit ausgefochten werden muß, ob etwas, was und wie es hier zu verbessern sei, um von da aus weiter die allfällige Aenderung der Reichsvertretung und damit der Gesammtverfassung anzustreben.

Verfassungsänderungen lassen sich nur durch die Organe vornehmen, die grundgesetzlich dazu berufen sind. Sollen daher jene zum Heile ausschlagen, so kommt es vor allem darauf an, daß diese Organe selbst, die Landesvertretungen, und aus diesen die Reichsvertretung von dem Vertrauen der großen Mehrheit der Bevölkerungen getragen werden und darum werden es die Wahlordnungen sein, von deren Prüfung und allfälliger Aenderung die Weiterbildung unserer Verfassung ihren Ausgangspunkt zu nehmen hat. Weise und gütig hat darum der allerhöchste Gesetzgeber in diesem Punkte den Beginn der Reformbewegung am leichtesten gemacht. Wenn Aenderungen an dem Reichsgrundgesetze von der „Mehrheit von wenigstens zwei Dritteln der Stimmen in beiden Häusern" und Aenderungen der Landtagsordnungen von der „Gegenwart von mindestens drei Viertheilen aller Mitglieder" und von der „Zustimmung von mindestens zwei Drittheilen der Anwesenden" abhängig gemacht wurden: so können dagegen „während der Dauer der ersten Landtagsperiode Anträge auf Aenderung der Bestimmungen der Wahlordnung durch absolute Stimmenmehrheit des überhaupt beschlußfähigen" d. i. „von mehr als der Hälfte der Gesammtzahl aller Mitglieder" besetzten „Landtages beschlossen werden." Zwar bezieht sich diese Bestimmung nur auf die Wahl des Landes in seinen Landtag, nicht auf die Wahl des Landtages in den Reichsrath, welche letztere „zur Competenz des Reichsrathes" gehört und „nach den Bestimmungen des §. 14. des Grundgesetzes über die Reichsvertretung" — wenigstens zwei Drittel in beiden Häusern — zu behandeln ist. Allein wer sieht nicht ein, daß eines mit dem andern zusammenhängt. Denn sind die Vertreter aller Landtage aus den auf verfassungsmäßigem Wege geänderten oder durch die Ablehnung jedweder Aenderung in ihrer ursprünglichen Gestalt neu bekräftigten Wahlordnungen hervorgegangen, so werden auch die durch das Vertrauen dieser Landtage in den Reichsrath berufenen Mitglieder entweder in die gewünschte Modification der „Vertheilung der vom Landtage in das Haus der Abgeordneten des Reichsrathes zu entsendenden Mitglieder" bereitwillig eingehen oder durch Ablehnung der von gewissen Seiten beabsichtigten Aenderungen den bestehenden Modus auf's neue bekräftigen.

Unsere Wahlordnungen haben bereits, und zwar sowohl im Princip als im Detail, als Vorwurf der verschiedenartigsten Kritik herhalten müssen. Publicisten und Abgeordnete selbst haben den mathematischen Calcul angewendet, um die Schwäche, die Ungerechtigkeit, die Folgewidrigkeit derselben in diesem und jenem Punkte nachzuweisen.

In der Sitzung vom 21. Mai v. J. beantragte ein Mitglied des Wiener Gemeinderathes die Einbringung einer Petition an den n. ö. Landtag wegen erweiterter Repräsentanz Wiens, indem es nachwies, daß die Hauptstadt mit Rücksicht auf Einwohnerzahl mindestens ein Drittel, nach dem Steuersatze sogar die Hälfte der Abgeordneten des ganzen Landes zu wählen hätte. In Böhmen rechneten die beiden Nationalitäten eine der andern nach: auf 71 czechische Städte mit mehr als 360000 Einwohnern kämen nur 30, auf 73 deutsche mit nicht 320000 Einwohnern 32 Abgeordnete; folglich entfiele dort ein Vertreter erst auf 12000, hier schon auf 10000 Seelen. Im Wiener Abgeordnetenhause sagte am 11. September 1861. der Dalmatiner Ljubissa: „Ich repräsentire 60000 Menschen, die den Städten Ragusa und Cattaro sowie den umliegenden Dorfgemeinden angehören; Herr von Alberti hingegen vertritt die Handels- und Gewerbekammer von Spalato, bestehend aus 6 Mitgliedern." Am ernstesten wurde die Angelegenheit in einen Artikel der „Presse" (24. Mai 1861) vorgenommen, die Bevölkerungszahl, die Vorschreibung an directen Steuern, der Werth des unbeweglichen Besitzes sowohl im Gesammtziffer als in dem auf die einzelnen Königreiche und Länder entfallenden Theilbetrage in's Auge gefaßt und mit der Zahl der nach dem Gesetze aus jedem der letzteren zu entsendenden Reichsrathsabgeordneten in Vergleich gesetzt. Daraus ergab sich denn, daß in der grundgesetzlichen Vertheilung z. B. für Böhmen nach dem erstbezeichneten Maßstabe um 4 Abgeordnete zu wenig, nach dem zweiten um 6 zu viel, nach dem dritten um 8 zu wenig, nach einem aus allen drei Maßstäben zusammen gewonnenen Durchschnitte um 2 zu wenig, dagegen für Dalmatien nach dem ersten um 3, nach dem zweiten um 1, nach dem dritten um 3, nach dem Durchschnitte um 2 Abgeordnete zu viel für den Reichsrath bestimmt seien.

In ähnlicher Weise wurden Stimmen gegen die Ausscheidung der Wahlberechtigten, gegen deren Vertheilung in die verschiedenen Classen und Wahlkörper laut. So ließ sich ein Landwirth aus Weidling nächst Wien vernehmen: „Es heißt, bezüglich der ländlichen Gemeinden, die nicht nach Wahlkörpern geschieden sind, werde eine Liste aller Besteuerten entworfen, mit den Höchstbesteuerten begonnen und so fort nach dem Steuerausmaße gewissermaßen lexikalisch herabgegangen werden. Zwei Drittel der höher Besteuerten sollen berechtigt sein, Wahlmänner zu wählen. Wie nun aber, wenn gleiche Beträge von Steuerschuldigkeiten in solcher Menge neben einander zu stehen kommen, daß die mathematische Ausscheidung eines Drittheils gar nicht möglich ist? Die Billigkeit würde wohl erheischen, daß, wenn die oberen zwei Drittheile nicht voll sind, alle diejenigen, die nachher kommen und einen gleichen Steuerbetrag bezahlen, zur Wahl zugelassen werden. Denn wie wollte man sonst die zwei Drittel voll machen? Doch nicht etwa durch die Alphabetik? Oder durch das Loos wie bei der Recrutenstellung?" — In Cilli in Untersteiermark waren von 2000 Bewohnern dieser Stadt 381 Wahlberechtigte, von welchen 140 auf die erste Wähler=classe und zwar 122 (!) Beamte aller Art und nur 18 Bürger, 47 auf die zweite Wählerclasse und 194 auf die dritte Wählerclasse entfielen. Da nach der gesetzlichen Wahlord=nung zur Wahl der Abgeordneten für den Landtag nur die erste und zweite Wählerclasse zugelassen sind, so bestanden die Urwähler Cilli's für den Landtag aus 65 Bürgern und 122 Beamten. — In Pilsen zählte der erste Wahlkörper 271, der zweite 123, der dritte 933 Wahlberechtigte. Wenn also der Stadt Pilsen, welche zu den ersten von Böhmen gehört, das Recht eingeräumt würde, eigene Landtagsabgeordnete direct zu wählen, so hätten von mehr als 13000 Gemeindewahl=berechtigten nur etwas mehr als der dritte Theil das Wahl=recht zum Landtage, zwei Drittheile der steuerzahlenden Bür=ger gingen leer aus!

Diese und andere Berechnungen mögen ganz richtig, die darauf gegründeten Klagen nicht unbegründet sein; allein wir glauben, daß damit für das Wesen der Sache wenig gedient ist. Das reiche Böhmen wird am Ende die Verkürzung um zwei Sitze im Abgeordnetenhause verschmerzen. Dagegen kann man dem an Umfang, an Bevölkerung und an Steuerkraft verhältnismäßig geringen, an politischer Bedeutung aber kei=nem der andern Länder nachstehenden Dalmatien sein Zuviel von zwei Abgeordneten willig gönnen; im Gegentheile, es läge bei der confessionellen und nationalen Mischung seiner Bewohner, bei der politischen Schattirung seiner Parteien die Gefahr nahe, daß eine zu geringe Anzahl der dalmatini=schen Vertreter nicht alle maßgebenden Potenzen seines öffent=lichen Lebens auf den Kampfplatz brächte. Offen gestanden, uns erscheinen alle derlei „Bemängelungen" gegenüber der großen Frage, um die es sich allein handeln soll, von sehr untergeordneter Bedeutung. Wenn man den geistigen Urhebern unserer bestehenden Grundgesetze keine weiteren Vorwürfe zu machen hätte als die obigen beispielsweise angeführten, so fände darin ihr Werk, das durch die kaiserliche Sanction zum Gesetze erhoben worden ist, die glänzendste Rechtfertigung.

Wir unsererseits finden etwas ganz anderes zu bemerken, obgleich wir darob keine Beschwerde gegen jene erheben möchten, von denen der Gedanke ausgegangen ist. Es muß nämlich auffallen, daß die bestehenden Landtags-Wahlordnungen keinen gemeinsamen Ausgangspunkt haben, sondern nach eklektischer Methode zusammengestellt sind. Die Mitglieder des Landtages bestehen: 1) aus den Landesbischöfen, in Tirol nebstbei, obgleich in etwas complicirter Weise, aus den Landesprälaten, ferner aus dem jeweiligen Rector Magnificus der Landes-Universität, folglich aus Elementen die dem System der früheren ständischen Vertretung entnommen sind; 2) aus Vertretern des großen Grundbesitzes und der Handels- und Gewerbekammern, wobei offenbar dem Princip der Interessenvertretung gehuldigt werden sollte; 3) endlich aus Abgeordneten gewisser Gruppen städtischer und Landgemeinden, deren Auswahl nach keinem andern Regulativ als dem heutzutage am meisten beliebten der Wahlbezirksvertretung vorgenommen wird. Man hat wohl versucht, auch diese letztgenannte Kategorie von Landesvertretern auf das Princip der Interessenvertretung zurückzuführen. Es vertreten, sagte man, die einen die Interessen der städtischen, die andern jene der ländlichen Bevölkerung. Allein wer weiß es nicht, daß heutzutage der scharfe Unterschied zwischen den in die Mauern der Städte gebannten und den auf das offene Land gewiesenen Beschäftigungen als gefallen betrachtet werden muß. In jedem irgend betriebsameren Dorfe unserer civilisirten Länder treffen wir Gewerbe aller Art an und die Bewohner der meisten Landstädte gewinnen ihren Lebensunterhalt in gleichem Maße aus Oekonomie und Industrie. Welche Interessen vertreten nun die Abgeordneten solcher

Bezirke? Doch wohl nicht alle zusammen? Ja, wenn sie einander nicht widerstritten!

Einer will die Sonn', die den Andern beschwert;
Dieser will's trocken, was Jener feucht begehrt.

Wie mit den natürlichen Dingen, so geht es mit den staatlichen Einrichtungen. Der Capitalist wünscht bewegliche Ungebundenheit, der kleine Gewerbsmann strebt Association zu seinem Schutze an. Dem Landwirth sagt Zollfreiheit zu, um seine Producte auf den besten Markt zu führen; der arbeitgebende Industrielle möchte Getreidesperre, damit das Brod im Lande wohlfeil bleibe. Die bäuerliche Aristokratie verlangt Erhaltung der ungetheilten Ansäßigkeiten, die jüngeren Söhne und die Zugewanderten loben sich schrankenlose Theilbarkeit. Wie sähe es bei solchem Zusammenstoß der Ansprüche und Forderungen mit der vermeintlichen Interessenvertretung aus? Soll der Abgeordnete keines der widerstreitenden Interessen wahren oder soll er sie alle zusammen narren?

Was wir zuletzt ausführten, ist einzig gegen den Irrthum jener gerichtet, die gewissen Bestimmungen unserer bestehenden Landesordnungen ein anderes Princip unterschieben wollen, als ihnen in Wahrheit zu Grunde liegt — einen Irrthum übrigens, von dem man angesichts der beiden Thatsachen so ziemlich allgemein zurückgekommen sein dürfte: erstens daß die Räthe der Krone bei Zurückziehung der Regierungsvorlage über das Vergleichsverfahren durch die Berufung auf das Urtheil von „Sachverständigen" außerhalb des Abgeordnetenhauses das Princip der früher wiederholt behaupteten Interessenvertretung selbst verläugneten, und zweitens daß in den aus dem Schoße des Kleingewerbes ausgegangenen Petitionen gegen den Skene'schen Antrag namentlich der Umstand betont wurde, das daß Interesse der kleinen Industrie im Abgeordnetenhause ohne Vertretung sei. Wir haben es überhaupt mit dem vorstehenden keineswegs auf eine Kritik unserer Grundgesetze abgesehen, deren Ursprung und Motiven wir vielmehr mit aller Loyalität Gerechtigkeit widerfahren lassen. Denn wenn wir in Betracht ziehen, was sich, als die Verwirklichung der Grundsätze des Octoberdiploms in Frage kam, in allen Theilen des Reiches vorfand, nämlich die schroffsten socialen, nationalen und politischen Gegensätze, was sich dagegen im ganzen Umfange der Monarchie nicht vorfand, nämlich feste und allseitig anerkannte organische Gliederungen: so müßen wir es vom Standpunkte des Octroyirens als einen zwar mislichen, aber immerhin durch politische Klugheit gebotenen Ausweg erkennen, gegen keinen jener Gegensätze vollständig zu verstoßen, vielmehr den von den verschiedensten Seiten gestellten Ansprüchen durch eine gewisse Combinirung derselben nach Möglichkeit zu genügen. Anders freilich gestaltet sich dieß vom Standpunkte des Pactirens, dessen Betretung uns vom Monarchen hochherzig und wohlwollend ermöglicht wurde. Wenn wir uns auf den Boden der freien Uebereinkunft zwischen Fürst und Volk stellen wollen, deren Ergebnis sodann für lange Zeit die Grundlage der Beschickung unserer großen Vertretungskörper abgeben soll, so haben wir die ernste Verpflichtung, mit wohlerwogener Umsicht an dieses Werk zu schreiten, vor allem das Ziel und die Mittel es zu erreichen uns klar zu machen, unsere Aufgabe nicht in gleichzeitiger Begünstigung widerstreitender Principien, sondern in unverrückter Festhaltung des als wahr und richtig erkannten Weges zu suchen. Soll es mit der Vertretung ernstlich gemeint sein, so muß doch vor allem andern festgestellt sein und festgehalten werden, was man denn eigentlich vertreten haben wolle. Das wird nun allerdings in seiner Abtheilung oder Abstufung oder Schattirung ein Verschiedenes, muß aber jedenfalls in seinem Grund und Wesen ein Ganzes und Einiges sein. Eine Mischung verschiedener Vertretungsprincipe, wie solche unsere derzeitigen Landtagswahlordnungen offenbaren, wird am Ende niemandem gefallen. Die Radicalen werden an den ständischen, die Conservativen an den zufälligen Elementen derselben Anstoß nehmen und jede Partei wird alle Kräfte anstrengen, ihrem Principe den Sieg zu erringen.

Die Sitzungen des „langen Parlaments" nahen ihrem Schluße, jene der Landtage sehen ihrer Wiedereröffnung entgegen. Den Landtagen wird endlich die ungehinderte Entfaltung jener verfassungsmäßigen Wirksamkeit vergönnt sein, die ihnen durch eine außergewöhnliche Verkettung von Umständen fast zwei Jahre lang vorenthalten werden mußte, aber nun nicht länger mehr vorenthalten bleiben kann. Wenn man, was das volle Inslebentreten der Gesammtstaatsverfassung betrifft, diesseits und jenseits der Leitha die Parole ausgegeben hat „Wir können warten!", die Landtage sowie die Königreiche und Länder, deren berechtigten Erwartungen sie zu genügen haben, werden eines Sinnes in der Erklärung sein: „Wir können nicht warten!" Viele und wichtige Angelegenheiten sehen ihrer Inangriffnahme entgegen; über einige derselben liegen, wie man vernimmt, Regierungsvorlagen in Bereitschaft; rücksichtlich anderer werden die Landtage von ihrem grundgesetzlichen Rechte der Initiative Gebrauch machen. Aber mit dem Beginn dieser regelmäßigen Geschäftsführung werden sie ohne Säumnis die Revision der ihre Zusammensetzung regelnden Bestimmungen einleiten, für deren erleichterte Vornahme bekanntlich die „Dauer der ersten Landtagsperiode" d. i. die Frist von sechs Jahren ausgesprochen ist. Zwei davon werden bald ungenützt verflossen sein und nur die Gnade des Monarchen könnte den schweren Verlust durch das Zugeständnis einer außerordentlichen Verlängerung des Präclusivtermins ersetzen.

Wir bekommen von auswärtigen Staatsmännern oft die Behauptung zu hören: die constitutionelle Regierungs=

form sei für Oesterreich unmöglich. Wenn man bei diesem Ausspruche an Verfassungen denkt, wie sie sich in andern modernen Staaten finden, so muß dessen Richtigkeit zugestanden werden. Ein englisches Parlament, ein französischer Corps legislatif, ein preußischer Landtag ließen sich unter allen Umständen nicht ohne weiters auf die Verhältnisse unserer Monarchie übertragen. Wir mögen es anfangen wie wir wollen, wir werden uns immer auf die Landtage als den Grundbau unserer Verfassung zurückgeführt sehen. Wohl gibt es unter den einheimischen Politikern viele, die eben in diesem Punkte eine Gefahr für den Bestand und Zusammenhalt des Gesammtstaates erblicken. In der That müssen wir darauf gefaßt sein, daß sich auf einem oder dem andern Landtage Regungen kund geben werden, deren Consequenzen wir uns im Interesse der Einheit und Untheilbarkeit des Reiches nicht gefallen lassen dürfen. Vielleicht werden sich diese Regungen auf dem Boden selbst, aus dem sie emporgeschossen, im Wege parlamentarischer Majorisirung niederkämpfen lassen; im äußersten Falle bliebe nichts übrig, als den betreffenden Landtag aufzulösen, ja selbst durch eine längere Suspendirung seiner Thätigkeit die Erstarkung einer günstigeren Stimmung abzuwarten. Allein es läßt sich mit Zuversicht voraussagen, daß die überwiegende Mehrzahl der Landtage, und gerade in den bedeutendsten Ländern, bei aller Wahrung der Selbstständigkeit ihrer Befugnisse eine den Bedingungen des Gesammtbestandes der Monarchie vollkommen zusagende Haltung einnehmen wird. Abgesehen von dem großstaatlichen Bewußtsein, das mit der freien Entwicklung unseres Verfassungslebens stets festeren Halt gewinnen muß, wird den Landtagen zu viel an dem ungestörten Fortgang ihres fruchtbaren und lohnenden Wirkens liegen, als daß sie den Abbruch desselben durch unkluges verfassungswidriges Gebahren selbstmörderisch könnten heraufbeschwören wollen. Die wahre Gefahr droht unserem Verfassungsleben von einem ganz andern

Punkte, als von welchem die augenblicklich herrschende Partei sie zu befürchten scheint. Nicht unsere Schwäche, nein, ganz eigentlich unsere Stärke liegt in den Landtagen. Die eigenthümliche Gestaltung des Kaiserstaates drängt mit unbezwingbarer Macht auf diesen Punkt. Wer das nicht zugeben wollte, wer sich ein österreichisches Parlament ohne Landtage oder mit thunlichstem Herabdrücken ihrer Bedeutung denken möchte, der thäte klüger, über alle Hoffnungen constitutionellen Lebens in Oesterreich, dessen Möglichkeit uns, wie früher erwähnt, gewiegte auswärtige Staatsmänner ohnedies absprechen, von vorn herein das Kreuz zu machen.

So werden es denn auch die Landtage sein, wo von neuem jene Lebensfragen entbrennen müssen, die im Schoße unseres fragmentarischen Reichsrathes wohl zu wiederholtenmalen aufblitzten, die aber dort nicht zur Lösung gelangen, sondern höchstens zum Schweigen gebracht werden konnten. Und unter diesen Lebensfragen wird jene über die constitutiven Elemente und Formen unserer politischen Vertretungskörper, wird in erster Reihe die Erwägung stehen, welcher Ursprung, welcher Charakter, welche Gestalt dem Wesen und der Bestimmung unserer Landtage und durch sie der Bildung und Zusammensetzung unseres Reichsrathes am meisten zusage. Wohlan, sammeln wir uns zum ehrlichen parlamentarischen Kampfe! Mögen jene, die zu einer Meinung gehören, sich unter die gemeinsame Fahne schaaren, ihr Programm entwerfen, ihre Parole ausgeben, damit auf dem politischen Wahlplatze der Streit ausgefochten werde, welcher Meinung das Uebergewicht der Gründe und Stimmen zufalle.

Wir aber wollen daran gehen diese verschiedenen Meinungen und die Gründe, die für und gegen jede derselben sprechen, mit möglichster Unbefangenheit zu prüfen und uns nach allen Seiten hin ein begründetes Urtheil zu bilden.

II.

Vertretungsprincipe.

Die Meinungen über das Subject und Princip der parlamentarischen Vertretung können sich, nachdem jenes der bloßen Kopfzahl — numerus sumus fruges consumere nati — kaum seine Verfechter finden dürfte, hauptsächlich nach drei Richtungen theilen:

Einige werden von der Ansicht ausgehen, die Scheidung der Gesellschaft nach gewissen Kategorien von Lebensweisen und Beschäftigungen (Ständeclassen) bestehe noch fort oder könne und solle wieder aufgefrischt und demgemäß die Wahlordnung der Verschiedenheit jener Kategorien angepaßt werden. Dieß ist das Princip der ständischen Vertretung, das sich vor dem Jahre 1848 durch alle unsere Landesverfassungen hindurchzog und das heutzutage unter allen Umständen nur unter sehr bedeutenden Modificationen zur neuerlichen Geltung gebracht werden könnte.

Andere gibt es, die der gerade entgegengesetzten Meinung anhängen: Aller kastenartige Unterschied sei wenn noch nicht völlig verwischt, doch jedenfalls seiner Bedeutung nach so sehr in den Hintergrund gedrängt und alle Bande, die früher die Glieder einer Kaste zu einander gehalten, seien wenn noch nicht völlig zerrissen, doch jedenfalls in ihrer Wirksamkeit so sehr geschwächt, daß in der That nur das Individuum als solches, beziehungsweise die Gruppirung einer Anzahl solcher Individuen nach einem gewissen räumlichen Ausmaße (Wahlbezirke) als das zu vertretende Subject angenommen werden könne. Diese Gruppirung umfaßt nicht alle dem territorialen Bezirke angehörigen Individuen, sondern wird unter denselben eine mitunter mehrstufige Auswahl je nach ihrem größeren oder geringeren politischen Werthe und Gewichte vorgenommen. Und da sich die Inponderabilien von Herz und Geist jeder praktischen Werthmessung entziehen, so kann es für die Zwecke der Wahlbezirks-Vertretung nur der äußerlich erkenn- und schätzbare Beitrag zu den Staatslasten sein, der über die politische Bedeutung der Individuen und den Grad ihrer Betheiligung an dem parlamentarischen Leben entscheidet. Man könnte darum die Wahlbezirksvertretung, da es in letzter Linie die Steuerquote ist, welche für die eben bezeichnete Anschauung den Ausschlag gibt, auch die Steuerguldenvertretung nennen.

Es wird sich aber noch ein drittes Häuflein von Solchen zusammenfinden, die zwar von der Uiberzeugung ausgehen, daß die frühere Gliederung nach Ständeclassen ein für allemal gefallen sei, die sich aber doch anderseits nicht mit dem Glauben befreunden können, daß die Gesellschaft, die durch die lange Reihe von Jahrhunderten, welche die Geschichte der Menschheit zählt, stets irgend einen Organismus zur Grundlage hatte, in der jetzigen Epoche in ihre Atome d. i. in die unverbundene Einzelheit der Individuen auseinandergefallen sei. Man müsse daher als Unterbau für unser Verfassungsleben auf gewisse organische Gliederungen zurückgehen und die Gemeinsamkeit gewisser Interessen werde sich als der Knotenpunkt erkennen lassen, von wo der Krystallisationsproceß zu beginnen habe. Es ist daher das Princip der Interessen-Vertretung, welches diese Partei auf ihre Fahne schreiben und für die sie Proselyten zu werben suchen wird.

1.

Ständische Vertretung.

Die Paladine dieses Vertretungsprincipes haben, wie es scheint, einen harten Stand, da es eben so schwierig ist, den Beweis zu liefern, daß die Grundlagen, von denen die Ausführung desselben abhängt, noch vorhanden seien, als diese Grundlagen, wo sie in der That nicht mehr vorhanden sind, neu in das Leben zu rufen. Die ständische Verfassung hatte sich in frühern Jahrhunderten allmälig aus den gesellschaftlichen Verhältnissen herausgebildet und eine staatliche Ordnung eigenthümlicher Art geschaffen; aber unsere heutigen gesellschaftlichen Verhältnisse sind nicht mehr wie sie waren, unsere jetzige staatliche Ordnung ist aus ganz anderen Elementen zusammengesetzt. Die früheren Stände waren geschichtlich entstandene und mit voneinander verschiedenen politischen Rechten ausgestattete Abtheilungen der Staatsbürgerschaft: der Prälatenstand, der landsäßige Geburtsadel und die keinem Patrimonialverbande unterworfenen Städte. Diese drei — eigentlich, wenn man den Unterschied von „Herren" und „Rittern" in Rechnung bringt, vier — Stände bildeten im Mittelalter die einzigen staatsrechtlichen Mächte, den populus in diæta, wie man in Ungarn sagte, gegenüber der contribuens plebs, und die noch heute übliche Unterscheidung des Wehr-, Lehr- und Nährstandes bezeichnet am treffendsten die verschiedene Beschäftigungsweise, aus denen sie ursprünglich hervorgegangen waren. Der Adel mit seinen wehrhaften Reisigen war durch das Lehensband seines Grundbesitzes unmittelbar oder mittelbar an die Krone geknüpft. Dem Prälatenstand sicherte der von der weltlichen Gewalt unabhängige Grundbesitz und die ihn zu gewissen ständigen Hofdiensten, Caplaneien, Kanzlerschaften, zur Uebernahme von Staats- und diplomatischen Posten befähigende Gelehrsamkeit eine hervorragende politische Stellung; die oberste akademische Würde der wesentlich als kirchliche Institutionen aufgefaßten Universitäten gehörte gleichfalls diesem Stande an. Die Städte charakterisirte das ausschließlich der Industrie und dem Handel angehörige, in streng geschiedene Innungen und Zünfte gegliederte Bürgerthum. Uebrigens übten die Städte ihre politischen Rechte durch Vertreter, die Glieder des Prälaten-, Herren- und Ritterstandes die ihrigen persönlich aus. In einigen Ländern bestanden Eigenthümlichkeiten. So in Ungarn, wo der herrschende Adel zugleich fast durchaus dem herrschenden Volksstamm der Magyaren angehörte oder sich ihm doch im Laufe der Zeit anschloß; so in Tirol, wo zu der Geistlichkeit, dem vereinigten Herren- und Ritterstande und den Städten noch die Bauern als vierter Stand kamen, während in Vorarlberg nur die Städte und Gerichte, Bürger und Bauern, vertreten waren. Daß alles das heutzutage theils verschwunden, ist theils eine völlig verschiedene Gestalt angenommen hat, daß alle Arten von Lebensberuf und Beschäftigungen, die früher kastenmäßig abgetheilt und geschieden waren, gegenwärtig in der freiesten Weise in einander übergreifen, bedarf nicht erst des Beweises. Die Herren und Ritter haben ihre Burgen auf den trotzigen Felsen längst verlassen und sich im Flachlande und in den Städten angesiedelt, wo ihren modernen Palläsften die prächtigen Fabriksbauten Concurrenz machen. Nichtadelige sind nicht selten Großgrundbesitzer, Adelige sehr häufig Theilnehmer oder Leiter von Industrieunternehmungen. Der Grundbesitz der Geistlichkeit ist nicht mehr von der weltlichen Gewalt exemt, sondern den gleichen Steuern und Leistungen wie jeder andere unterworfen. Das Lehensverhältniß hat zwar noch staatsrechtliche Formen bewahrt, aber ein völlig privatrechtliches Wesen angenommen. Der Adel in Ungarn hat nicht mehr bloß Rechte und Vorzüge, der Bauer in Ungarn hat nicht mehr bloß Pflichten und Lasten. Der Grundsatz der Gleichheit aller Staatsbürger vor dem Gesetze, von unserem Monarchen wiederholt ausgesprochen und bekräftigt, hat alle früheren Unterschiede in der staatsbürgerlichen Stellung verschiedener Bevölkerungsschichten ausgeglichen.

Wir sagen: alle Unterschiede in der staatsbürgerlichen Stellung verschiedener Bevölkerungsschichten; denn Unterschiede gewisser Art bestehen allerdings, sei es nach Recht und Gesetz, sei es nach Sitte und Uebung, wie früher fort. Allein einerseits gehören diese Unterschiede besonderen Gebieten an und haben mit den Grundlagen der staatlichen Ordnung nichts zu schaffen, während andererseits ganze Classen der Gesellschaft eben in der neuen, auf der Gleichheit aller Staatsbürger vor dem Gesetze ruhenden staatlichen Ordnung jenen Spielraum politischer Anerkennung und Geltung gewonnen haben, der ihnen bei der früheren ständischen Verfassung verschlossen war.

Niemand wird in Abrede stellen, daß der Clerus, namentlich jener der katholischen und der orientalischen Kirche, einen eigenen Stand bilde. Seinen Mitgliedern ist nach canonischen Satzungen ein besonderer Charakter aufgedrückt, dem gegenüber alle andern Gläubigen als bloße Laien erscheinen. Der Geistliche ist durch die heiligsten Gelübde einem Berufe gewidmet, an dessen Ausübung sich niemand, der diesem Stande nicht angehört, betheiligen kann. Die Geistlichkeit bildet in ihrer Hierarchie ein nach außen scharf abgeschlossenes, im innern streng gegliedertes System von Ueber- und Unterordnung, das mit keiner andern gesellschaftlichen Sphäre etwas gemeinsames hat und das innerhalb ihres Gebietes sich nach eigenen Rechten und Gesetzen erhält und regiert. Allein eben dieses Gebiet ist ein von dem staatlichen völlig verschiedenes, hat mit der staatsbürgerlichen, mit der politischen Stellung der einzelnen Glieder des Clerus nichts zu schaffen und kann daher die Geistlichkeit auf besondere Zugeständnisse in d i e s e r Hinsicht nicht mehr jenen Anspruch erheben, die ihr unter früheren Verhältnissen gemacht werden mußten. In staatsbürgerlicher Hinsicht gilt der Grundsatz der Gleichheit vor dem Gesetze so gut für den Geistlichen wie für den Laien. Das Vermögen, der Grundbesitz des Geistlichen unterliegt den gleichen volkswirthschaftlichen und finanziellen Bestimmungen wie jenes der andern Staatsbürger. Der Geistliche ist der gleichen Wehrpflicht unterworfen wie der Laie und wenn der Empfang der höheren Weihen, die zu den wichtigsten geistlichen Functionen, namentlich zum Seelsorgedienste befähigen, hierin einen Abschnitt bildet, so ist der Grund davon in einer ähnlichen Berücksichtigung zu suchen, die z. B. den angestellten Schullehrer von der Wehrpflicht ausnimmt, während der Lehramtscandidat derselben unterliegt. Wie endlich der Geistliche im bürgerlichen Leben in den verschiedensten Beschäftigungskreisen sich bewegt, als Gemeindeglied, als Landwirth, als Großgrundbesitzer, als Schulmann, als Beamter, so ist er auch in allen bürgerlichen Beziehungen und Verhältnissen den allgemeinen Privat- und Strafrechtsnormen, politischen Gesetzen, Amtspragmatiken u. dgl. unterworfen. Mit einem Worte: Der Clerus bildet einen besonderen Stand auf seinem eigenen, auf k i r c h l i c h e m Gebiete; er bildet keinen mehr in staatsbürgerlicher und politischer Hinsicht.

Ist der Adel bei uns kein Stand? Gewiß, und ein erblicher obendrein. Vom Kaiser geht die Verleihung des

Adelsstandes aus, der Kaiser erhebt in die höheren Grade desselben. Allein nicht sowohl diese erst Erhobenen, die weniger dieser ihrer Erhebung eine neue Stellung als vielmehr umgekehrt ihrer durch Glück oder Verdienst erworbenen Stellung jene Erhebung, die ihnen kaum mehr denn einen Ehrentitel als Zeichen kaiserlicher Huld mitbringt, zu danken haben, nicht diese Günstlinge des „puren Prädicatadels", sagen wir, sind es, von denen man als von einem besonderen Stande heutzutage reden kann: die Glieder des „historischen Adels" sind es, deren Rangstellung der Geschichte angehört, deren Name und deren Großbesitz mit den Schicksalen ihres Vaterlandes verwebt und verflochten ist. Sie begreift man unter der Bezeichnung „Aristokratie", und daß sich diese Aristokratie selbst unter den veränderten Verhältnissen der Gegenwart als ein besonderer Stand auszeichne, davon überzeugen uns am auffallendsten die gesellschaftlichen Zustände jenseits des Rheins, wo man es schon vor langen Jahrzehnten versucht hat, aber nicht durchsetzen konnte, die Aristokratie abzuschaffen. Das Glückskind der französischen Revolution hat, von hunderttausenden von Bajonneten unterstützt, ein leichteres Spiel gehabt, seine Dictate: „Diese und jene Dynastie hat zu regieren aufgehört" in Vollzug zu setzen, als es der Revolution selbst gelingen konnte, ihr Theorema: „Der französische Adel hat zu bestehen aufgehört" zur Wahrheit zu machen. Der französische Adel, die alte französische Aristokratie hat bis heute noch nicht aufgehört zu bestehen, obschon die famosen Beschlüsse der Nacht vom 4. August 1789 niemals zurückgenommen wurden und obschon der erste Napoleon es versucht hat und der dritte es neuerdings versucht, den alten Adel Frankreichs durch einen jüngern zu verdrängen. Der alte Adel Frankreichs, der seine Stammbäume bis in die Zeiten der ersten Kreuzzüge und noch weiter hinaufführt, weilt in trotziger Zurückhaltung in seinen schweigsam ernsten Palläften des Faubourg St.

Germain und blickt auf die Nachkommen jener Steuerpächter und Günstlinge, die ihre Kronen in der herabgekommenen Zeit eines Dubois und einer Dubarry erkauften, und auf die Familien glücklicher Soldaten oder Geldmänner, die ihre Herzogs- und Grafentitel dem ersten oder zweiten Kaiserreich verdanken, mit hochmüthiger Geringschätzung herab. Dazu kommen nun die selbstverschriebenen Adelsprädicate in der verschiedenen Abstufung des de, de la, du und des, die zum Theil in den Nachwirren der Revolution usurpirten, theilweise vom Großvater bis zum Enkel fortgepflanzten Titel eines Chevalier, Baron, Vicomte, gegen deren falsches Spiel das bekannte Decret vom Jahre 1856 gerichtet war. Das Bedürfniß, in dem zum drittenmale demokratischen Frankreich gegen die zu einer wahren Epidemie gewordenen Adelsanmaßungen durch ein eigenes Gesetz einzuschreiten; die Motivirung desselben: „daß es der Moral und einer guten Politik zuwider sei, eine Institution ohne Schutz gegen die Eitelkeit und den Betrug zu lassen, die an die großen Erinnerungen der alten Monarchie geknüpft ist, die den Ruhm des Kaiserreiches mit neuem Glanze umgeben hat und die sich zugleich auf die Achtung stützt, welche die alten Traditionen umflossen, und auf den Gehorsam, den man den feierlichsten Acten der jetzigen Gesetzgebung schuldig ist"; endlich und mehr als alles andere der Umstand, daß man mit diesem Gesetze, dessen Entwurf in den Bureaux des Senats liegen blieb, nicht durchdringen konnte, weil man bei der Ausführung zu heikele Stellen zu berühren fürchten mußte: das alles beweist wohl zur Genüge, wie tiefe Wurzel die Bedeutung des Adels in den Ansichten der französischen Gesellschaft gefaßt habe. Bei uns steht die Sache, mit Ausnahme daß der Adel gesetzlich niemals aufgehoben wurde, und daß bei der ununterbrochenen Wachsamkeit unserer Gesetzgebung Adelsanmaßungen nur in seltenen Fällen vorkommen, in allen übrigen Rücksichten kaum anders denn in Frankreich und es wird niemand zu läugnen versuchen, daß unsere Aristokratie eine gesellschaftliche Stellung einnehme, die ihr das Kennzeichen eines besonderen Standes aufdrückt. Allein das ist eben der Punkt. Die ge= sellschaftliche Stellung der Aristokratie ist es, die sie auszeichnet, nicht mehr die staatsbürgerliche oder politische. Wenn wir von den mit traditioneller Strenge geübten Adels= und Ahnenproben, die für die Aufnahme in gewisse Ritter= orden gefordert werden, von der Eigenthümlichkeit gewisser Würden, Erbämter und Hofbedienstungen, die mit dem eigent= lichen staatlichen Leben nichts zu schaffen haben, sowie von den privatrechtlichen Bestimmungen gewisser Stiftungen ab= sehen, die ihre Wohlthaten ausschließend adeligen Personen zukommen lassen, so wird man sich heutzutage vergebens nach andern Vorzügen der Glieder unseres Adels umsehen, als die ihnen ihr gesellschaftlicher Rang, der überlieferte Glanz ihres Namens und ihres Vermögens vor den übrigen Classen der Bevölkerung sichert. Die Wehrhaftigkeit ist sowenig mehr kennzeichnende Eigenschaft des Adels, daß derselbe vielmehr nach der vormärzlichen Gesetzgebung von dem Truppenaus= hebungszwange, den sich alle übrigen Classen der Bevölkerung gefallen lassen mußten, ausdrücklich ausgenommen war. Seit 1848 ist auch dieser Unterschied gefallen und für den Abe= ligen gilt dasselbe Heerergänzungsgesetz wie für den Nicht= Adeligen. Vor dem März 1848 war die Aristokratie ein Dynastenthum, das seinen „Unterthanen" gegenüber Hoheits= und obrigkeitliche Rechte ausübte. Doch diese Rechte sind erloschen; es gibt kein anderes Unterthänigkeitsverhältniß mehr als dem Landesfürsten gegenüber, in dessen Person Adelige wie Unadelige in völlig gleicher Weise ihren Herrn verehren; das patrimoniale Verhältniß zwischen Gutsherr= schaft und Gutsinsassen hat ein Ende genommen. Der be= vorzugte Gerichtstand, der dem Adeligen vordem gebührte, besteht nicht mehr, es sind die allgemeinen Gerichte des Lan= des, die über Adelige und Nicht=Adelige Recht sprechen. Der

Grundbesitz des Adels endlich, dem mit der Aufhebung des Unterthänigkeitsverhältnisses die „dominicale" Eigenschaft benommen ward, erfreut sich keiner Vorrechte vor dem früheren „rusticalen" und gewährt dem Besitzer keine andern Vortheile, als welche er durch seine Größe und Nutzbarmachung auch dem Unadeligen bieten würde. Es zeigt sich also: So unbestreitbar sich unsere Aristokratie in ihrer gesellschaftlichen Stellung als ein besonderer Stand kennzeichnet und so groß ihr Ansehen und ihr Einfluß, wenn sie davon weisen und wohlwollenden Gebrauch zu machen versteht, sein möge, so unbestreitbar ist es doch andererseits, daß sie in staatsbügerlicher und politischer Hinsicht aufgehört hat, einen mit eigenthümlichen Vorrechten und Vorzügen ausgestatteten Stand zu bilden. Von dieser Anschauung geleitet, hat denn auch eine Anzahl früherer „Herrschafts"-Besitzer im Jänner 1861 zu Wien ihre Ueberzeugung dahin ausgesprochen, „daß das System unserer früheren landständischen Institutionen und Prärogative den veränderten Verhältnissen der Neuzeit nicht mehr entspricht, und wir glauben daher die Begründung unserer politischen Stellung nur in dem Grundbesitze und in dem Vertrauen unserer Mitbürger finden zu können."

Das frühere Bürgerthum hat heutzutage selbst in gesellschaftlicher Beziehung aufgehört einen besondern Stand zu bilden. Die Glieder desselben lassen sich der Aristokratie gegenüber nicht einmal durch das negative Merkmal als Nicht-Adelige bezeichnen, seit es immer häufiger vorkommt, daß sich Einzelne durch Talent, Fleiß, Glück die Adelsauszeichnung zu erringen wissen, wodurch sie aber weder ihren früheren gesellschaftlichen Verhältnissen entrückt werden, noch in die Kreise des alten Adels, den die öffentliche Meinung sehr wohl von ihnen zu unterscheiden weiß, Einlaß finden. Das nobilitirte und nicht nobilitirte Bürgerthum, in dessen reichen geistigen und materiellen Mitteln heutzutage die eigentliche Kraft des Staates ruht, ist in allen Sphären des öffentlichen Lebens zu finden, die es desto ausgesprochener zu beherrschen fortfahren wird, je weniger es unsere Aristokratie zu verstehen scheint, sich an den Beispielen erlauchter Ahnen, an den Traditionen vorangegangener Geschlechter emporzurichten und ihrem Nachwuchs jene politische Erziehung zu geben, ohne die er den Wettkampf mit dem rastlos vorwärts strebenden Bürgerthum nicht wird eingehen können. Das moderne Bürgerthum — — wir wissen keinen andern Ausdruck dafür zu gebrauchen — versorgt aus seinen, aus den unteren Classen sich fortwährend ergänzenden Reihen alle Beschäftigungsarten und hält mit seinen Gliedern alle Sprossen der socialen Stufenleiter, alle Theile des großen volkswirthschaftlichen Triebwerkes besetzt. Während die Bourgeoisie in der Groß-Industrie, im Welthandel, an der Börse eine tonangebende Rolle spielt und an Glanz und Luxus mit der alten Pracht der ihm verschlossenen toryistischen Kreise den Wettkampf eingeht, kaufen sich bescheidenere oder minder begünstigte „Bürgerliche", seit der Unterschied zwischen dem „Dominicale" und „Rusticale" gefallen ist, auf dem offenen Lande an und betreiben, nur reinlicher und verständiger, die Landwirthschaft, die früher als das ausschließliche Kennzeichen des Bauern, des Halb- und Viertellehners, des Häuslers angesehen wurde. Wo ist, so fragen wir, in dem allen das positive Charakteristikon zu finden, das heute noch die „Bürgerlichen" als einen eigenen Stand in gesellschaftlicher Hinsicht zusammenhielte?

Die zuletzt berührte Thatsache wird dort, wo Sitte und Bildung mit jedem Tage reißendere Fortschritte machen, binnen kurzer Zeit auch das Charakteristikon des ehemaligen Bauernstandes völlig verwischen. Von einem solchen wird sich noch lange in Ländern sprechen lassen, wo die Civilisation, auf einzelne von einander entlegene örtliche Mittelpunkte beschränkt, ihre erleuchtenden und erwärmenden Strahlen noch nicht in größeren Umkreisen wirken lassen kann und wo daher hergebrachte Sitten und Gebräuche, altgewohnte Trachten und Behausungsweisen, vor allem aber ein tiefer stehender Bildungsgrad den Bebauer des offenen Landes scharf von allen Classen der Gebildeten und selbst der Halbgebildeten scheidet. Allein auch hier wird diese Scheidung nur die sociale Stellung treffen, während in staatsbürgerlicher und politischer Hinsicht jede Schranke gefallen ist, die den Bauernstand im vormärzlichen Verfassungsleben einerseits von seiner Grundherrschaft, anderseits von dem Bürgerthum schied. In Ländern hingegen, wo die Cultursitze einander stets näher rücken, die Wechselbeziehungen zwischen Dorf und Stadt immer häufiger werden; wo das bürgerliche, ja das Großgewerbe nicht selten seinen Sitz auf dem Lande aufschlägt und in Industrialbezirken die Bevölkerung mancher Dörfer ein mehr städtisches Ansehen hat als in vielen privilegirten Städten; wo sich Beispiele mehren, daß wohlhabende Landleute ihre Söhne in mittlere und höhere Schulen schicken, nicht um sie dem väterlichen Berufe zu entfremden, sondern um sie dereinst die Wirthschaft mit erweiterter Einsicht und Sachkenntniß fortführen zu lassen; wo einerseits größere Bauernhöfe in die Hände von Städtern übergehen, um von diesen nicht pachtweise in andere Hände gegeben, sondern mit eigenem Rücken besessen und unter eigener Obhut bewirthschaftet zu werden, während andrerseits vermöglichere Bauern durch Ankauf bürgerlicher Häuser und Ansiedlung in denselben zu Städtern werden: in solchen Ländern werden im Laufe der Zeit auch in socialer Hinsicht immer mehr jene Merkmale schwinden, die bisher dem minder gebildeten und unbeholfeneren Landmanne den feineren und gewandteren Classen der Bevölkerung gegenüber eigen waren.

Wir sind vielleicht in unserer Kritik des ständischen Vertretungsprincipes weiter gegangen, als die heutigen Verthei=

diger desselben zu gehen vermeinen. Es wolle uns dieß nicht als Schuld zugemessen werden, da uns ein genau formulirtes Programm dieser Partei nicht bekannt geworden ist. Es ist möglich, daß dieselbe unsere Ueberzeugung von der Unthunlichkeit der Herstellung nicht mehr bestehender Verhältnisse theilt und keine andere als eine solche Gestaltung der Dinge anstrebt, die auf Grundlage der heutigen Zustände von den früheren Elementen nur jene zu dem Neubau benützt, die gegenwärtig noch aufrecht stehen oder zum mindesten nicht zweifellos gefallen sind und die sich nach ihrer Meinung auch unter den geänderten Zeitläuften noch aufrecht erhalten lassen.

Ist es richtig, so könnten die ständischen Unterzeichner der Rechtsverwahrung auf dem böhmischen und mährischen Landtage fragen, daß der Prälatenstand in staatsrechtlicher Beziehung keine besondere Stellung mehr einnehme? Kommt nicht dem Erzbischof von Prag als Primas von Böhmen das Recht zu, die Krone des heiligen Wenzel auf das Haupt des Königs zu setzen? Hat der Erzbischof von Olmütz seinen Rang und Titel als „Graf der kön. böhm. Capelle" verloren?

Das Unterthänigkeitsverhältniß und damit der Inbegriff der herrschaftlichen Rechte ist allerdings gefallen. Allein gibt es in der That keine verfassungsmäßigen Momente mehr, die dem landtäflichen Grundbesitz ankleben? Die Fideicommisse spielen heute noch eine so bedeutende Rolle, daß nach den Landtagswahlordnungen von Böhmen und Mähren „die wahlberechtigten Besitzer der mit dem Fideicommißbande behafteten land- oder lehenfähigen Güter" einen abgesonderten Wahlkörper in der Classe des Großgrundbesitzes bilden. Durch welchen Act hat die Eigenschaft landtäflicher Güter und das Indigenat, das allein zur Erwerbung derselben berechtigt, ein Ende genommen? Daß in der langen Zeit, da kein Landtag gehalten wurde, thatsächlich über jene Eigenschaft und dieses Erforderniß hinausgegangen wurde, kann doch wohl die Frage Rechtens nicht entscheiden. Und sind das Dinge, die unter den heutigen Verhältnissen ihren praktischen Werth eingebüßt haben? Das Staatsrecht der böhmischen Krone ruhte von Anbeginn auf dem Begriff der Landesgemeinde, in die ohne Zustimmung des Landtages niemand durch Erwerb gewisser Liegenschaften Aufnahme finden konnte. Ist es für uns heutzutage weniger wichtig als früher zu verhüten, daß der große Grundbesitz nach und nach völlig in auswärtige Hände gespielt werde, die den reichen Gewinn außer Landes tragen und dieses verarmen machen? daß wohl gar englische oder belgische Actiengesellschaften mit stets bereiten Capitalien sich bei uns ankaufen, um durch speculative Ausbeutung von Wald und Feld, durch ökonomischen Raubbau den Beweis zu liefern, daß der Bodenreichthum unseres Landes kein „unerschöpflicher" sei?

Unsere Städte und Märkte endlich, hat ihre corporative Sonderung in der That ganz aufgehört? haben sie in politischer Hinsicht alles verloren, was sie früher gegenüber dem offenen Lande auszeichnete? Was wären dann die Markt- und Messengerechtigkeiten, die heute noch verliehen und bestätigt werden? Liegt nicht in den bewaffneten Bürgercorps, die ihren Ursprung aus ruhmvollen Erinnerungen vergangener Zeiten herschreiben, der Keim einer auf Bürgerrecht und Besitz basirten Volkswehr? Sind die staatsrechtlichen Unterschiede, Begünstigungen, Vorrechte unserer Berg-, Leibgeding-, königlichen Städte durch irgend einen Act der Gesetzgebung außer Wirksamkeit gesetzt worden?

Allerdings könnte nicht alles auf dem alten Fuße bleiben. Es würde z. B. darauf ankommen, in ähnlicher Weise, wie dieß seinerzeit bei der brittischen Parlamentsreform geschah, eine Auswahl unter den bisherigen Städten, deren einige gleich den verfallenen Burgflecken Englands im Laufe der Jahrhunderte auf das Niveau von Dörfern herabgesunken sind, zu treffen, dagegen eine Anzahl großer Industrieorte, die noch immer unter dem Namen von Dörfern figuriren, in die Classe der Städte einzureihen. Und so müßte man überhaupt von jenen Momenten der früheren ständischen Einrichtungen, die sich unter den geänderten Umständen der Gegenwart nicht wieder auffrischen lassen, absehen, dagegen das gesetzlich noch zu Recht Bestehende und praktisch Durchführbare als Grundlage eines Verfassungsbaues benützen, der sich durch Aufnahme neuer, den gegenwärtigen gesellschaftlichen und staatlichen Verhältnissen zusagender Elemente ergänzen und erweitern ließe.

Ja, wir — so lassen sich die Unterzeichner der Rechtsverwahrungen auf dem böhmischen und mährischen Landtage vernehmen — wir, „denen die erneuerte Landesordnung König Ferdinand II. als Mitgliedern der Landstandschaft Sitz und Stimme auf dem Landtage zugesteht" und die wir uns „nicht als Inhaber persönlicher Vorrechte und Privilegien, sondern in unserer Gesammtheit als die Wahrer und Träger der Rechte des Landes betrachten", wir haben es uns „zur heiligen Ehren- und Gewissenspflicht" anzurechnen, von dem uns durch Recht und Gesetz, durch Geschichte und Überlieferung Überkommenen alles zu wahren, wovon wir überzeugt sind, daß es durch keine unserer jüngsten Verfassungsphasen in seinem rechtlichen Bestande erschüttert worden und daß es zugleich geeignet sei, noch fernerhin jenen verläßlichen Schwerpunkt unseres Verfassungslebens abzugeben, als welchen es sich durch vorangegangene Jahrhunderte bewährt hat.

2.

Die Wahlbezirksvertretung.

Der ständischen Vertretung gegenüber, deren complicirten Organismus und großentheils abgenützte Bestandtheile im besten Falle, wie wir eben sahen, nur eine Auffrischung durch neue Elemente in Gang zu bringen vermöchte, hat die Wahlbezirksvertretung in dem Zeitalter des Dampfes und der Statistik einen großen Vorsprung voraus, dessen Bedeutung sich auch darin kundgibt, daß dieses Vertretungs=Princip in allen modernen Wahlordnungen das große Wort führt und auch in der unsrigen, der man misverständlicherweise den Grundton reiner Interessenvertretung anfinden wollte, den bedeutenderen Theil des Gebietes einnimmt.

Die Wahlbezirksvertretung ist, was man in der Geschäftswelt „coulant" zu nennen pflegt. Die untrügliche Norm der Ziffer und eine nicht minder zweifellose territoriale Abgränzung sind die beiden Faktoren, womit sie ihr klar und einfach angelegtes Gebäude in die Höhe führt. Sie rechnet mit großen Zahlen, sie wirkt mit dem ungetheilten Gesammtstamm der Staatsbürger, aus dem sie vorerst durch die Scheidelinie des Steuersatzes den übermäßigen Ballast absondert und den sie dann nach größeren und kleineren geographischen Bezirken abtheilt und untertheilt. Eine einzige Complicirung erfährt dieses System, besonders in größeren Landesgemeinden, durch den Mechanismus der indirecten Wahlen. Aber auch dieser Mechanismus ist unschwer zu handhaben, ja er fördert sogar, indem er die vorbereitende Thätigkeit der Masse der wahlberechtigten Bevölkerung (Urwähler) auf eine größere Anzahl von Unterbezirken vertheilt, das einem kleineren, leichter zu überschauenden Kreise vorbehaltene eigentliche Wahlgeschäft.

Bei so großen, aus dem praktischen Gesichtspunkte nicht zu unterschätzenden Vorzügen leidet aber das System der Wahlbezirksvertretung an nicht minder großen Gebrechen. Es ist nämlich dasselbe, wenn man Wesen und Zweck jeder politischen Vertretung in's Auge faßt, nicht sowohl voll innerer Widersprüche, als vielmehr ein Widerspruch von Anfang bis zu Ende. Das „minima non curat Prætor" gilt von ihm in so hohem Grade, daß es sich selbst „maxima" nicht anfechten läßt.

Was für's erste die Bildung der Wahlkörper anbelangt, so kommt es bei der Wahlbezirksvertretung gar nicht in Frage, welcher Art Männer dadurch zur Vollführung eines wichtigen politischen Actes zusammengebracht werden, welchen gesellschaftlichen Stellungen, welchen Berufskreisen, welchen Tendenzen und Interessen dieselben angehören. Trifft es sich, daß z. B. in Landbezirken diese Momente bei den Betheiligten durchaus oder doch großentheils die gleichen sind, desto besser; wo dieß aber, wie in bedeutenderen Städten, nicht der Fall ist, sondern die verschiedenartigste Mischung der Bevölkerung für einen vorübergehenden Zweck als ein Ganzes agiren soll, da muß man sich auch das gefallen lassen; es ist eben keine Hilfe dagegen.

Eben so wenig Sorge macht diesem System das persönliche Verhältniß des zu wählenden Abgeordneten zu der Bevölkerung, die durch ihn vertreten werden soll. Kennt sie ihn, gut; kennt sie ihn nicht, auch gut. Daß der Sitz im Vertretungskörper durch seinen Mann besetzt werde und daß bei dem Act, durch den er berufen wird, keine Ungesetzlichkeit vorfalle, das ist nicht etwa Hauptsache, sondern das alleinige, worauf es ankommt. Ob die Wähler einen Mann abordnen, der in ihrer Mitte lebt und wirkt, dessen Gesinnungen und Eigenschaften ihnen zusagen und dem sie darum ihr Vertrauen schenken; oder ob sie eine Person wählen, die zum erstenmale vor ihnen erscheint, sich ihnen in wohlbedachter

Rede zum Kaufe anbietet und ihre Zustimmung im Sturm erobert; oder endlich ob sie über eine von irgend woher gekommene Empfehlung oder Weisung einen Namen, den sie niemals gehört, dessen Träger sie niemals gesehen haben, aus der Urne hervorgehen lassen, ist für den **praktischen** Zweck, um dessen Erreichung es sich allein handelt, vollkommen gleichgiltig.

Das Verhältniß, das auf so „coulante" Weise zwischen Wählern und Gewählten eingegangen wird, ist denn auch ein sehr leicht geschürztes, oder vielmehr es ist gar keines. Eigentlich besteht das ganze Recht des Volkes, dessen Vertretung denn doch, wie schon der Begriff einer Repräsentativverfassung mit sich bringt und wie pomphaft von Lehrkanzeln und Rednerbühnen verkündet wird, der Angelpunkt des ganzen Systems sein soll, einzig darin, bei Beginn einer neuen Wahlperiode, also alle fünf oder sechs Jahre — wenn nicht der Austritt oder Tod des Abgeordneten oder die Auflösung des Vertretungskörpers die Zeit abkürzt — einmal zusammenberufen zu werden und den eben beschriebenen Act vorzunehmen, nach dessen Beendigung sie wieder auseinander und an ihre gewohnte Beschäftigung gehen. Weiter haben sie sich um ihren sogenannten Vertreter und hat sich dieser um sie nicht zu kümmern. Was er in dieser Beziehung thut, indem er ihnen Privatgeschäfte in der Hauptstadt besorgt, ihre Angelegenheiten bei den Landes- und Reichsbehörden betreibt, sie auf unmittelbaren Wegen von wichtigeren Vorfällen und Wendungen in Kenntniß setzt u. dgl. ist sein guter Wille und er könnte es ebenso wohl lassen. Sein politisches Auftreten vollends ist durchaus sein eigenes, nicht im mindesten Ausdruck der Gesinnungen und Wünsche des Bezirkes, in dessen Namen er seinen Sitz im Landtage einnimmt. Ja, wenn er geradezu gegen die Tendenz und Interessen derjenigen, die ihn geschickt haben, spräche und handelte, sie könnten es nicht hindern, niemand kann es hindern. Die Wähler mögen sich nach der Hand in Versammlungen — die strenggenommen von vorn herein ungesetzlich sind, da es, sobald der Wahlact geschlossen, auch keine Wähler mehr gibt — noch so heiser schreien, ihr Erkorener besitze ihr Vertrauen nicht mehr; sie mögen sich mit Unterschriften unter Adressen, die dasselbe unverblümt oder durch die Blume besagen, die Finger abschreiben: ist er anders unempfindlich und selbstbewußt genug, er wird sich darüber kein graues Haar wachsen lassen und unbekümmert um das Gebahren jener, die nichts weiter drein zu sprechen haben, sein Thun und Treiben fortsetzen. Der Wahlbezirksabgeordnete vertritt niemanden als sich selbst, ohne doch im staatsrechtlichen Sinne gleich den früheren Mitgliedern des Herren- und Ritterstandes ein Eigenberechtigter zu sein; er leitet seine parlamentarische Mission aus der ihm gewordenen Berufung politisch Berechtigter her, ohne daß doch diese, nachdem sie ihm das „Mandat" gegeben, irgend ein Recht und einen Anspruch an ihn hätten.

Es war, wir müssen dieß auf das bündigste versichern, nicht im entferntesten in unserer Absicht gelegen, eine Satyre zu schreiben, und wenn man in dem, was wir so eben detaillirt haben, einen Anflug von Ironie zu erblicken glaubt, so möge man die Quelle derselben nicht in unserem Willen, sondern in den Verhältnissen suchen, die wir schildern. Es ist einmal so und vielleicht kann es gar nicht anders sein. Unsere Gesellschaft ist jetzt so aus allen Fugen, unsere Verbindungen sind so zerrissen, unser öffentliches Leben ist, nicht bloß auf der Börse, so sehr zum Glücksspiel geworden, daß es vielleicht ganz unmöglich ist, einen dem Wesen und den Anforderungen einer wahrhaften Volksvertretung mehr zusagenden Wahl-Mechanismus, nicht etwa zu erfinden — denn das träfe am Ende jeder Jüngling mit sprossendem Bart —, aber prakticabel zu machen und in Ausführung zu bringen. Dafür scheint der von uns betonte Umstand zu sprechen, daß dieses System fast in allen neueren Constitutionsurkunden Aufnahme gefunden hat, obgleich wir zweifeln, daß das, was wir gegen die Consequenz und innere Wahrheit desselben vorzubringen fanden, neu, daß es nicht lange vor uns von Andern ungleich begründeter und ausführlicher nachgewiesen worden sei. Allein treu unserem Vorhaben, eine Kritik der verschiedenen Vertretungsprincipe zu liefern, konnten wir es ebensowenig umgehen, in wenigen Strichen die obige, wie man uns zugestehen wird, den thatsächlichen Verhältnissen entnommene Charakteristik zu zeichnen, als wir die Bedenken verhehlen dürfen, die von gewissen Seiten nicht sowohl gegen unser Vertretungsprincip selbst, als gegen die Ausübung desselben erhoben werden.

Denn mit dem Princip sind die Meisten einverstanden und es hat dasselbe nicht nur in den meisten Verfassungen den Besitz — beati possidentes! —, sondern auch mehr als jedes andere die Aussicht für sich, bei der kommenden parlamentarischen Schlacht den Sieg davon zu tragen. Doch die Art, wie das System nicht nur bei uns, sondern fast überall von Seite der Regierung ausgebeutet wird, die Ausübung des Principes begegnet, wie gesagt, von manchen Seiten Anständen. Sie treffen vornehmlich zwei Punkte:

erstlich daß die Regierung die Wahl ihrer eigenen Beamten durchzusetzen sucht oder doch hingehen läßt,

zweitens, daß die Regierung, auch wo das nicht stattfindet, die Wahlen in ihrem Sinne beeinflußt und zu beherrschen strebt.

Wir wollen untersuchen, ob und in wie weit diese Anstände gegründet sind.

„Wie kann", so wirft man ein, „ein Beamter d. i. ein Organ der Regierung zugleich Abgeordneter d. i. Organ der Bevölkerung sein, da doch Regierung und Regierte einander gegenüber stehen, nicht als feindselige, aber als von einander verschiedene Potenzen im Staatsleben?! Niemand kann gleichzeitig zwei Herren dienen. Ist Einer gewissenhafter Beamter, so kann er nicht unabhängiger Volksvertreter sein, weil er nach seiner Amtspflicht nur für das einstehen darf, was Ziel und Ansicht der Regierung ist. Will er dagegen, wie er soll, unabhängiger Volksvertreter sein, so muß er aufhören, guter Beamter zu sein, weil er in jener Eigenschaft nur seiner politischen Ueberzeugung, nicht den Zuflüsterungen und Zumuthungen eines Dritten und sei dieß die Regierung selbst zu folgen hat. Nicht nur die bewaffnete Macht ist wesentlich gehorchend, auch die Beamten sind es und müssen es sein, soll nicht alles drunter und drüber gehen. Der Beamte kann darum nie als Volksvertreter eine gesunde Stellung einnehmen. Geht er mit der Regierung, so verliert er als servil das parlamentarische Vertrauen; ist er oppositionell, so kommt er mit der Macht, in deren Sold er steht, in Conflict."

Die Logik dieses Raisonnements ist gewiß untadelhaft und auch gegen den Inhalt desselben wird sich kaum etwas stichhaltiges vorbringen lassen. Allein anders gestaltet sich die Sache vom Standpunkte des Principes der Wahlbezirks-Vertretung. Die Doppelwesen von Beamten-Abgeordneten mögen an sich betrachtet ein innerer Widerspruch sein: in einem Systeme, das wesentlich aus inneren Widersprüchen zusammengesetzt ist, sind sie keiner. Wenn der Beamte nach dem Steuersatze, den er entrichtet, in die Kategorie des activen und passiven Wahlrechtes fällt, so hat man, da ihm die andern Erfordernisse der Unbescholtenheit und privatrechtlichen Selbstständigkeit eo ipso eigen sind, keinen Grund ihn von dem einen oder dem andern auszuschließen. Das Verhältniß der Wähler zu ihrem Erwählten aber ist, wie wir gesehen haben, nach vollzogener Wahl keines mehr und die ersteren, die mit diesem Acte ihre Eigenschaft verlieren, haben keine gesetzliche Befugniß, die politische Haltung desjenigen, den sie als ihren Vertreter abgeordnet haben, zu controlliren.

Die Abgeordneten sind an keine Instructionen ihrer Committenten gebunden; das ist Grundsatz aller constitutionellen Wahlordnungen. Sie heißen also wohl Vertreter des Volkes, sind es aber nicht, und haben, sobald ihr Name durch Stimmenmehrheit aus der Wahlurne hervorgegangen ist, keine andere Ueberzeugung zu vertreten als ihre eigene oder diejenige, die sie zu der ihrigen zu machen für gut finden. Wenn es also der Regierung genehm ist, daß ihre Organe zugleich als Organe der Bevölkerung fungiren, der letzteren muß es genehm sein. Es scheint indessen, als müße es auch der Regierung unter allen Umständen genehm sein. Wenigstens lassen sich Stimmen vernehmen, die mit großer Entschiedenheit behaupten, das „amicitia usque ad aram" leide auch auf das Verhältniß zwischen der Regierung und den in ihrem Solde stehenden Beamten volle Anwendung, indem sich die letzteren jener wohl in allem, was ihre Dienstpflicht betreffe, zu fügen hätten; allein alles, was das politische Recht der Wähler und der Volksvertretung angehe, gehöre eben nicht zu ihrer Dienstpflicht als Beamten, sondern zu ihrer staatsbürgerlichen Pflicht und Befugniß, in deren Ausübung sie nicht gehindert werden dürften. „Ich frage Sie, meine Herren," sagte bei einer Gelegenheit der Abgeordnete Reichensperger von Köln, „wohin soll es führen, wenn man von allen Beamten fordert, jedesmal mit dem Ministerium zu stimmen? Bekanntlich wechseln die Ministerien, sollen also, wenn ein solcher Ministerwechsel eintritt, nun sämmtliche Beamte ebenfalls ihre Ansichten wechseln? kann man den Beamten wohl solchen Rollenwechsel zutrauen? kann dadurch die sittliche Kraft des Beamten gestärkt werden? Und doch verlangt man solche Charaktere zu einer Zeit, wo überall schwere Sturmwolken drohen; gerade jetzt will man bei den Beamten die sittliche Kraft und den sittlichen Muth entwurzeln!"

Bei dem System von Widersprüchen, womit wir es hier zu thun haben, darf es uns denn auch nicht Wunder nehmen, wenn uns das politische Leben einer benachbarten Großmacht das eigenthümliche Schauspiel darbietet, daß der Regierung vor ihren eigenen Beamten bange zu werden anfängt und daß sie selbst es ist, die ihr Streben dahin richtet, auf indirecte Weise dem oppositionellen Treiben ihrer Organe Schranken zu setzen. Man ist in Preußen dabei auf ein Mittel verfallen, das im Grunde ein ganz natürliches, naheliegendes ist. Denn auch das gehört zu den mancherlei Abnormitäten des Systemes, daß der volksvertretende Beamte gleichzeitig eine verschiedenseitige Entlohnung seiner Mühewaltung bezieht: die Diäten für seinen Beruf als Abgeordneter den er versieht und den Gehalt für seinen Dienst als Beamter den er während dieser Zeit nicht versieht. Man hat daher vorgeschlagen, „daß in Zukunft die Kosten der Stellvertretung für die zu Abgeordneten gewählten Beamten von ihnen selbst getragen werden sollen" und hofft dadurch die Zahl der Abgeordneten-Beamten bei dem nächsten Zusammentritte des Vertretungskörpers bedeutend gelichtet zu sehen. Von diesem Mittel könnte bei umgekehrter Sachlage, wo nämlich die Masse der Beamten-Abgeordneten auf Seite der Regierung stünde, auch die Opposition Gebrauch zu machen versuchen; doch würde sie ihren Zweck, eben weil sie sich in der Minderheit befände, kaum durchzusetzen im Stande sein.

Eine viel schwerere Anklage wird gegen die Regierung erhoben, nicht daß sie ihre Beamten wählen lasse, die ja nicht selten, wie wir eben ein Beispiel angeführt, nur die Reihen der Opposition verstärken, sondern daß sie die Wahlfreiheit verkürze, daß sie die von der Bevölkerung nach freiem Ermessen vorzunehmenden Wahlen beeinfluße, daß sie die

Wahl ihr misliebiger Candidaten zu verhindern, jene ihrer eigenen f. g. Regierungs-Candidaten durchzusetzen suche.

Wir haben gegen diese Einwürfe im allgemeinen dasselbe zu erwiedern was gegen die früheren: sie mögen an und für sich gegründet sein, vom Standpunkte des Vertretungsprincipes, das wir besprechen, sind sie es nicht.

Vor allem, muß bemerkt werden, kommt es auf die Hebel an, welche in Thätigkeit gesetzt werden, um die von der Regierung angestrebten Zwecke zu erreichen. Ungesetzliche oder unsittliche Mittel sind unter allen Umständen verwerflich und kein System kann ihre Anwendung rechtfertigen oder auch nur entschuldigen. Man erinnert sich des scandaleusen Processes, der im October 1857 vor dem Zuchtpolizeigerichte von Colmar abgeführt wurde. Die französische Regierung ließ den Grafen Jules Migeon, dessen Wahl sie bei früheren Anlässen selbst gefördert hatte, ohne besondere Veranlassung fallen und stellte ihm einen gewissen Nizolles als ihren Candidaten entgegen. Migeon ließ trotzdem von seiner Bewerbung nicht ab, betrieb sie vielmehr thatkräftiger als je, besoldete zahlreiche Agenten, eröffnete in einem gemietheten Gasthause ein eigenes Bureau, versprach den Wählern hier Abhilfe von Misbräuchen, drohte ihnen dort mit seinem Einflusse beim Minister, dessen Freundschaft, beim Kaiser, dessen Huld er besitze u. dgl. Sein Gegner ließ es seinerseits an Anstrengungen, Stimmen für sich zu gewinnen, nicht fehlen, machte von dem Mittel der Bestechung noch ausgedehnteren Gebrauch als Migeon und wurde zudem von der ganzen Macht des administrativen Einflußes unterstützt. Und was war das für eine Unterstützung! Die Regierungsbehörden zeichneten Migeon der Öffentlichkeit als einen Ehrlosen, griffen seinen sittlichen Lebenswandel an, beschuldigten ihn einerseits der Verschleuderung seines Vermögens, verschrieen ihn andrerseits als einen Wucherer. In einem vom Polizeipräfecten von Paris unterzeichneten Berichte über Migeon wurde er ein Gauner, ein Betrüger, ein Preller gescholten; es wurde darin erzählt, daß er auf dem Boulevard geohrfeigt worden, „obgleich die Thatsache nicht erwiesen sei." Während Migeon, in seinen heiligsten Gefühlen verletzt, Pamphlete gegen die Departements-Behörde drucken und herumtragen ließ, versammelte der Unterpräfect die Maires des Bezirkes und erklärte ihnen, daß man sie insgesammt absetzen würde, wenn sie in ihren Gemeinden nicht für Nizolles stimmen ließen. Migeon's Ansprachen an seine Wähler riß man herab; Wähler, die Migeon günstig waren, wurden Räuber geschimpft, von den Agenten der Behörden durchgeprügelt, viele verhaftet. Als diese und ähnliche Dinge vor Gericht zur Sprache kamen, legte der kaiserliche Procurator, durch solche die Regierung bloßstellende Enthüllungen in die Enge getrieben, plötzlich Verwahrung ein und verlangte die Ausschließung aller jener Zeugen, „die von Migeon bloß zu dem Zwecke vorgeführt würden, um über die Mittel auszusagen, zu denen man von Seite der Regierung Zuflucht genommen habe, um seine Erwählung zu verhindern" — ein auffallendes Begehren, das mehr als alles andere für das böse Gewissen der Regierungsbehörden Zeugnis ablegte.

Vorgänge, wie sie in diesem Falle statt fanden, bleiben, wir wiederholen es, unter allen Umständen verwerflich und niemand wird sich finden, sie in Schutz zu nehmen. Wo aber die Regierung zu keinen solchen Mitteln ihre Zuflucht nimmt, wo ihre Organe von der Bahn der Ehrenhaftigkeit und vom gesetzlichen Wege nicht abweichen, da kann es ihr vom Standpunkte des Systems, das wir besprechen, von niemand verübelt werden, wenn sie im Interesse der guten Sache, die sie zu vertreten meint, die Wahl ihr vertrauenswürdig erscheinender Personen durchzusetzen sucht.

„Das Volk soll frei wählen", wirft man ein, „und die freie Wahl des Volkes wird durch jede Einflußnahme der Regierung beeinträchtigt, in ungesetzmäßiger Weise gefährdet." Das Volk soll frei wählen! Was heißt hier Volk? Doch wohl nur die Bevölkerung des Bezirkes, um deren Wahlberechtigung es sich handelt. Was heißt frei wählen? Im strengen Sinne doch nichts anderes als: ohne irgend einen von außen her d. i. von wo anders als aus der Mitte der Wahlberechtigten selbst kommenden Einfluß wählen. Aber dann dürft auch ihr, die ihr euch gegen die Einflußnahme durch Organe der Regierung ereifert, von eurer Seite keine Candidatenlisten entwerfen, keine Empfehlungsbriefe aus= schicken, keine Sendboten herumreisen, keine Agenten und Agitatoren das Volk bearbeiten lassen. Wenn ihr aber dieß alles eurerseits thut, dann habt ihr auch das Recht verloren, es der Regierung zum Vorwurf zu machen, wenn sie ihrer= seits dasselbe versucht. Ihr, die ihr ebenso wie die Regie= rung außerhalb des Wählerkreises steht, für dessen freie Bethätigung ihr das Wort führt, könnt euch doch nicht das= selbe als Recht zuschanzen wollen, was ihr der Regierung als Unrecht vorwerfet!

Wenn es sich in der That und Wirklichkeit darum handeln würde, den freien unbeirrten Willen, die wahre und gegründete Überzeugung der Wählerschaft zu Tage treten zu lassen, dann begingen allerdings die Organe der Regierung schreiendes Unrecht, die Freiheit jenes Willens, die Wahrheit dieser Überzeugung durch ihre Einmischung zu trüben. Aber ist das wahre und gegründete Überzeugung, wenn die Wahl= berechtigten den ersten Besten, der ihre augenblickliche Stim= mung mit gewandter Rede für sich zu gewinnen weiß, oder wenn sie gar Einen, dessen Angesicht sie nie geschaut, dessen Stimme sie nie gehört haben, als ihren „Vertreter", ihren „Repräsentanten" in den Berathungssaal der öffentlichen Angelegenheiten, ihrer Angelegenheiten senden? Ist das der freie unbeirrte Volkswille, wenn es offenkundige Thatsache ist, daß von dieser und von jener Partei ohne Scheu agitirt wird, daß alle Mittel, hier der Verheißungen und Vorspie=

gelungen, dort der Verläumbung und Ränkeschmiederei angewandt werden, um die Wahl eines der ihrigen durchzusetzen? Und kann man der Regierung zumuthen, daß sie, zumal wenn dieses Treiben von ihr entschieden feindlicher Seite ausgeht, mit verschränkten Armen zusehe und abwarte, was da kommen werde? Nein, was dem einen recht ist, muß dem andern billig sein. Die Regierung befindet sich jenem Treiben gegenüber im Stande der Nothwehr. Man wird es ihr mit Recht verübeln, wenn sie, das Manoeuvre der Parteien nachahmend, von den Waffen der Lüge und der Ränke Gebrauch macht; aber man kann es der Regierung nicht verdenken, sie ist es sich vielmehr um ihrer eigenen Erhaltung willen schuldig, ihren ganzen Einfluß aufzubieten, um entweder den feindlichen Elementen den Weg zu versperren oder aber selbst activ aufzutreten und Männer ihr zusagender Gesinnung in deren Bewerbung zu unterstützen. Thut sie das erstere, so sind es nicht die Wähler, deren Freiheit sie beeinträchtigt, es sind im Gegentheile die außerhalb der Wählerschaft sich eindrängenden Einflüße, die sie zum Schutze jener Freiheit abzuhalten sucht. Unternimmt sie das letztere, so setzt sie unberechtigten Einflüßen ihren berechtigten entgegen und handelt dadurch nicht wider das System, sondern nur im Geiste des Systems.

Das Princip der Wahlbezirksvertretung bringt nun einmal seiner Natur nach keinen Wahl-Organismus, sondern einen bloßen Wahl-Mechanismus zuwege. Während bei Systemen, die auf einer organischen Gliederung der zur Wahl der politischen Vertretungskörper concurrirenden Potenzen ruhen, in verhältnismäßiger Weise die Gruppirung der Parteien sich von selbst schafft, läßt sie sich hier, will nicht, ohne jedwede Einmischung von irgend einer Seite her, alles geradezu dem Ungefähr überlassen werden, nur auf künstlichem Wege bewerkstelligen und ist es darum nur dieser Sachlage entsprechend, wenn die Regierung von der einen und die verschiedenen Parteien von der andern Seite sich an Rührigkeit und Geschicklichkeit zu überbieten trachten müssen, um eine sonst dem Spiele des Zufalls preißgegebene Mehrheit für sich zu gewinnen. Wenn man sich das System gefallen läßt, muß man sich auch die unausbleiblichen Folgen desselben und die natürlichen Folgerungen daraus gefallen lassen.

Anfang December 1855 kam dieser Gegenstand in der preußischen Kammer, wie schon oftmal früher und nachher, zur Sprache. Graf Schwerin erhob schwere Anklage gegen die Regierung, welche durch ihre Organe die Wahlfreiheit in ungesetzmäßiger Weise gefährde, ihren Beamten von oben herab Weisungen über deren Verhalten bei den Wahlen gebe, Zetteln mit Empfehlungen von Wahlbewerbern ausgeschickt, dagegen die von oppositioneller Seite ausgegebenen aufgegriffen und vernichtet habe u. dgl. Gegen ihn erhob sich der Abgeordnete von Gerlach und sagte, indem er von Ungehörigkeiten, die in einzelnen Fällen unterlaufen sein mochten, absah, über die Beeinflußung der Wahlen durch Organe der Regierung unter anderem folgendes: „Die wahre Freiheit besteht nicht darin, daß man keinen Einflüssen unterliegt, sondern darin, daß man den rechten Einflüssen unterliegt. Man denkt sich bei jenen Klagen selbstständige Wähler, die gewisse Meinungen haben und gewissen Candidaten vertrauen, und nun als „Volk", wie man sich ausdrückt, der Regierung, wo möglich etwas mistrauisch, gegenüber stehen. Gehen wir aus diesem constitutionellen Gespensterthum in die Wirklichkeit über, so finden wir Wähler und Wahlmänner ohne Selbstständigkeit, ohne bestimmte Meinungen und sehr oft ohne Bekanntschaft mit den Candidaten, also ohne Vertrauen oder Mißtrauen zu ihnen. Was ist also natürlicher, als daß sie sich nach Autoritäten umsehen, gemäß unserem Wahlspruche: Autorität, nicht Majorität! Wer nun diesen so beschaffenen Wählern und Wahlmännern die leitende Autorität ihrer

Obrigkeiten — meist die einzige ihnen bekannte — entzöge, wer sie so als constitutionelle Atome im Universum schwimmen ließe und dem Zufall anheim gäbe, zu welchen constitutionellen Körpern sie sich agglomeriren sollten, würde der sie frei machen? Würden sie nicht gerade Sclaven des ersten besten werden? . . . Der Graf von Schwerin will, daß das Volk selbst wähle. Er hat damit ein geheimnisvolles Wort leichthin ausgesprochen. Worin besteht mein Selbst? Kommt es zu seinem Rechte, wenn der erste beste Wind, der erste beste Impuls es hin und her treibt? Bedarf mein Selbst nicht, um „selbst" zu bleiben, vor Allem organischer Einflüsse, einer Stelle, einer Bewegung innerhalb des Systems oder des Organismus, in welchem ich von Gottes und Rechts wegen sein und mich bewegen soll? . . . Der Graf von Schwerin klagt über die unsittlichen Wirkungen des Systems der Wahleinflüsse. Aber die Wurzel dieser Wirkungen ist tiefer zu suchen, nicht in den Einflüssen, die vielmehr das Correctiv sind, sondern in den Wahlen. Diejenigen sind die Schuldigen, welche unselbstständigen — innerlich und äußerlich unselbstständigen — Leuten, unsern Urwählern und Wahlmännern, eine politische Macht in die Hände gegeben haben, welche sie, wenn sie sie unbeeinflußt brauchen, mißbrauchen müssen."

3.

Interessen-Vertretung.

Das Volk besteht aus Individuen, die Gesellschaft bilden Verhältnisse, das öffentliche Leben ist aus Interessen zusammengesetzt. Letzteres spricht sich sowohl im Handel und

Verkehr, wo einzelne Unternehmer oder Unternehmungen mit einander in fortwährend wechselnde, sich mannigfaltig verschlingende und auflösende Berührung treten, als in dem großen staatlichen Getriebe aus, in dessen höher liegenden Regionen nicht einzelne Wünsche, Bedürfnisse, Strebungen von Personen, Körperschaften, Sonderheiten zur Geltung kommen, sondern wo es sich um Kategorien von einer gewissen Allgemeinheit, um Fragepunkte handelt, deren Lösung in weiten und weitesten Kreisen gefordert und erwartet wird. In früheren Jahrhunderten fiel die Gemeinsamkeit der verschiedenen Interessen, deren Geltendmachung und Berücksichtigung es galt, mit der beinahe kastenmäßigen Gliederung der Gesellschaft zusammen und darum war in jenen Zeiten die ständische Verfassung zugleich die naturgemäße Interessenvertretung. Heutzutage hat sich das geändert. Die Schranken zwischen den verschiedenen Ständeclassen sind großentheils gefallen; manches besteht mehr nur dem Namen nach, nachdem es längst sein eigentliches Wesen verloren; die Lebens- und Beschäftigungsweisen greifen gegenseitig in einander über; was früher starr und nach einer Schablone, ist jetzt flüssig und in stetem Wechsel begriffen. Mit andern Worten: Die Lage der Dinge hat sich dahin geändert, daß die Interessen, die vordem gewissen Ständeclassen eigen waren und anhafteten, nunmehr, nachdem sich Personen der verschiedensten Gesellschaftskreise an ihnen betheiligen, gleichsam losgelöst und selbstständig dastehen. Und es fragt sich daher: In welcher Weise sollen die Interessen, die ehemals in den Gliedern der mit ihnen zusammenfallenden Ständeclassen ihre natürlichen Verfechter hatten, unter den geänderten Verhältnissen der Gegenwart die ihnen gebührende verhältnismäßige Vertretung finden?

„Die ihnen gebührende verhältnismäßige Vertretung", das ist das Ziel, auf welches die ganze neuere Verfassungskunst hinstrebt. Denn es entspricht wohl den Grundsätzen der Wahrscheinlichkeitsrechnung, daß da, wo mehrere hundert Vertreter aus eben so vielen Wahlbezirken zusammenkommen, die verschiedenen Interessen des Großgrundbesitzes, der kleinen Landwirthschaft, des Handels- und Fabrikswesens, des Kleingewerbes u. s. w. nicht völlig leer ausgehen werden. Allein immer bliebe das ein Glücksspiel und man ist daher, um nur einige Methode in dieß Walten des Ungefähr zu bringen, bei Abfassung der Wahlordnungen auf allerhand Einrichtungen verfallen, die ihr den Anschein dessen geben sollen, was sie doch in der That nicht ist, eine Interessenvertretung. Denn näher besehen ist bei einer wie immer gearteten solchen Einrichtung der Zufall wohl auf ein engeres Feld begränzt, aber keineswegs völlig ausgeschlossen, und wenn zum Ueberfluß, wie es bei der Grundlage territorialer Wahlbezirke nicht anders sein kann, die verschiedenen Factoren im öffentlichen Leben in einen Brennpunkt vereinigt werden, so schwindet vollends jeder Schein einer wahren Interessenvertretung. Diese ist niemals durch einen Wahl-Mechanismus, und sei es der künstlichst ausgedachte, zu erzielen; sie kann einzig aus einem der naturgemäßen Anordnung der Dinge entsprechenden Wahl-Organismus hervorgehen.

Und welches ist die naturgemäße Anordnung der Dinge? Offenbar die, daß sich die gleichartigen Interessen, die in früherer Zeit an die verschiedenen Ständeclassen gebunden waren, nunmehr im Wege der Association zusammenfinden; daß sie sich Organe schaffen, durch deren Reden und Wirken sie ihre Ansprüche vertheidigen, ihre Ziele verfolgen, die ihrer Entwickelung entgegenstehenden Hindernisse beseitigen; daß endlich jene Associationen und diese Organe zu staatlicher Anerkennung gelangen, den Schutz des Gesetzes genießen, ihr Bestand und ihre Thätigkeit von Seite der öffentlichen Organe nicht bloß gesichert, sondern gefördert werde. Wir haben eine solche Anordnung der Dinge nicht mit Unbedacht eine naturgemäße genannt. Es ist ein unverkennbarer Zug unserer Zeit, an die Stelle der Organismen, die gefallen sind, neue zu schaffen und aus der Vereinzelung, in die sich nach dem Einsturz der alten Verfassungen alles aufzulösen droht, zu neuen Gliederungen zu gelangen, um mit vereinten Kräften sowohl sich vor Gefahren zu schützen, als auch Vortheile zu erringen, denen der schwache Einzelne nicht gewachsen ist. Alle die vielnamigen Vereine und Verbrüderungen, „Tage" und Congresse sind nichts anderes als eben so viele halb bewußte halb unbewußte Kundgebungen jenes Dranges unserer Zeit, der mit immer verstärktem Nachdrucke um die Herrschaft ringt, die ihm der Geist des Isolirens und Nivellirens streitig zu machen sucht. Dieser letztere hatte unmittelbar nach dem Zusammenbrechen der mittelalterlichen Gesellschaftsformen das Feld behauptet und eine merkwürdige Wandlung in Anschauungen und Grundsätzen trat ein. Früher strenge Bande der Fügsamkeit im Großen und Ganzen, dagegen freie Gestaltung und Entfaltung des corporativen Lebens innerhalb jener Gränzen; nunmehr frivole Lockerung aller Autorität und Pietät im Großen und Ganzen, dagegen herrische Knechtung alles corporativen Lebens in untergeordneten Kreisen. Früher das Ich gebunden in Sitte, in Kaste, im Glauben, aber innerhalb dieser ethischen, socialen, religiösen Schranken freie Selbstbestimmung und reges Leben auf eigenem Gebiete; nunmehr das Ich entbunden von allen die individuelle Unabhängigkeit beengenden Fesseln, aber mit ängstlichem Mistrauen auf Schritt und Tritt bewacht in allen auf selbstständige und selbstthätige Einigung abzielenden Schritten. Es sind das harte Ausdrücke, die wir hier gebrauchen, und solche, die uns in den Verdacht bringen könnten, als sehnten wir jene Zustände zurück, welche dahingegangenen Zeiten eigenthümlich waren. Fern sei es von uns, solch' Gelüste zu hegen! Wir gehen von der Ueberzeugung aus, daß sich im Leben der Einzelnen wie der Völker Gewesenes nicht wiederbringen lasse; daß jede Zeit ihre besonderen Anforderungen und nur, was diesen entsprechend, Aussicht auf erfolgreiche Dauer habe; daß es endlich im natürlichen Laufe der Dinge begründet sei, Neues müsse an die Stelle von Altem treten. Und nur darum, weil dem Geiste des indifferenten Kosmopolitismus und des emancipirten Capitals gegenüber jener Zug der Zeit nach Association praktischer Interessen neue Organismen an die Stelle der alten, nun und nimmer wieder zum Dasein zu bringenden, zu setzen sucht, begrüßen wir dieses Streben als ein gesundes, als ein heilsames.

Wir haben es lange ausgesprochen: Gegen den krankhaften Auswuchs unserer Zeit, den sogenannten Socialismus gibt es kein untrüglicheres Heilmittel, als daß wir wahre Socialisten werden. Jenem sogenannten Socialismus, der sich Hand in Hand mit seinem Helfershelfer dem Communismus eigene Begriffe von „Volk" und von „Arbeit" schuf, indem er von ersterem alle durch Geburt, durch Reichthum, durch Wissenschaft, durch Kunst Hervorragenden ausschließt, und indem er letztere nur von der niedersten, rohesten, plumpsten Hantirung gelten läßt, dagegen alle schöpferische, alle erfindende, alle verschönernde Thätigkeit in den höheren Regionen des menschlichen Geistes und Herzens, die doch erst die Arme der von der socialistisch-communistischen Terminologie allein anerkannten „Arbeiter" in Bewegung setzt, ihnen Stoff und Nahrung gibt, von sich abweist, — jenem Pseudo-Socialismus, der mit frecher Stirn und verbranntem Gehirn die menschliche Gesellschaft neu aufbauen zu wollen vorgibt, indem er damit anfängt, sie in ihren Grundfesten zu erschüttern, und der die Hohlheit seiner unpraktischen Träumereien am augenfälligsten bloßlegte, als er im Februar 1848, da das Feld geräumt war und er freien Spielraum hatte, durch den Mund seines Hohenpriesters Louis Blanc erst „Studien machen" zu wollen erklärte, — jenem Anti-Socialismus steht der wahrhafte Socialismus gegenüber, die wahre Gesellschaftslehre, die sich ihren Weg bahnen soll nicht unter dem bluttriefenden Warnzeichen der rothen Fahne, nicht über das wüste Trümmerwerk von Barrikaden, nicht mit Sensenlanzen, Dreschflegeln, Morgensternen in den empörten Fäusten, sondern die sich entwickeln soll, wie sich alles Vernünftige und Naturgemäße entwickelt und von jeher entwickelt hat, im Gange ruhigen Abwägens und Ausgleichens, Scheidens und Zusammenfindens gegenseitiger Beziehungen und Bedürfnisse, und die sich aus den gegenwärtigen Zuständen socialer Vereinzelung in eine bessere Ordnung der Dinge, in einen neuen Aufbau der Gesellschaft hinein finden wird. Diesen wahrhaften Socialismus hatten die für unsere Verhältnisse allerdings nicht mehr passenden Einrichtungen früherer Jahrhunderte zur Grundlage; an seine Stelle, sowie an jene des ehemaligen Communismus im guten Sinne des Wortes ist der heutige Individualismus und Egoismus getreten. Diesen wahrhaften Socialismus treffen wir noch heutzutage in dem Lande an, dem sich künstlich wohl so manches nachbilden läßt, nur nicht dessen eigenstes angeborenes Leben. „Es gibt in England", so schrieb vor Jahren ein Kenner britischer Verhältnisse, „einen Socialismus und zwar einen Socialismus, der durch alle Schichten der Gesellschaft dringt; einen Socialismus, der nicht mehr mit Ideen Blindekuh spielt, sondern Fleisch und Blut geworden ist; einen Socialismus, der von den windigen Theorien jenseits des Canals so himmelweit entfernt ist, wie diese selbst von ihrer praktischen Ausführbarkeit; einen Socialismus, der lange schon organisirt war, bevor noch Ungarn und Polen, Franzosen und Italiener mit ihrer politischen Bibel unterm Arm und ohne Paß in der Tasche nach England flüchteten. Der Socialismus wuchs hier still seit hundert und hundert Jahren; nur hatte das Kind einen wohlklingenden Namen, es hieß Association, und war seines anständigen Benehmens wegen selbst auf dem Continente in conservativen Kreisen mit Ehren genannt."

Diesem Socialismus nun die Wege zu bereiten, ihm den Spielraum zur ungehinderten Entfaltung zu bereiten, ihn großzuziehen durch sorgfältiges Gewähren, sollte das nicht die Aufgabe einer Staatskunst sein, die nicht von der Hand in den Mund lebt, die vielmehr auf lange glückverheißende Zeiten hinaus ihr wachsames Auge richtet? Neue Organismen, nachdem sich die alten überlebt haben, lassen sich nicht über Nacht schaffen, lassen sich überhaupt nicht künstlich schaffen; aber die Voraussetzungen sollen wir wohlbedacht zurecht legen, damit sich solche Organismen allmälig selber schaffen können. Symptome dieses Schöpfungsdranges treten, wie wir schon oben angedeutet, allenthalben zu Tage. Allein es scheint in den maßgebenden Kreisen der Sinn zu mangeln sie wahrzunehmen, der Trieb sie zu hegen und in die rechte Bahn zu lenken. Im Gegentheile, man geht entweder gleichgiltig an solchen Neubildungen vorbei oder man greift zu jedem Vorwande, um sie im Keime zu ersticken, anstatt nur die wilden gefährlichen Schößlinge zu entfernen und ihr natürliches Wachsthum zu begünstigen. Uns ist es, nachdem wir jahrelang jenen Proceß mit achtsamen Blicken verfolgen, nicht gelungen zu einer andern Ueberzeugung zu kommen, als daß dieser in der Natur unserer Verhältnisse gegründete Associationstrieb nur von Heil sein könne, man möge ihn von der rechtlichen oder von der sittlichen, von der gesellschaftlichen oder von der volkswirthschaftlichen Seite in's Auge fassen. Wenn wir hier eine Anzahl von Meistern des Kleingewerbes zur Anlage einer gemeinsamen Arbeitswerkstätte zusammentreten sehen, um sich gegen die drohende Uebermacht des großen Capitals zu schützen; wenn sich dort die Mitglieder bisher mit Vorrechten ausgestatteter und Vermögen besitzender Innungen fester aneinander schließen, um ihr Vermögen zu retten, ihr Vorrecht zu schützen, oder doch den Uebergang zu den vom Gesetze gebotenen freieren Einrichtungen zu vermitteln; wenn an einem dritten Orte Praktiker einer gewissen Richtung einen Verein eingehen, um die wissenschaftlichen und technischen Interessen ihrer Kunst zu fördern und durch eine Art selbstgeschaffener Disciplinargewalt das Eindrängen unberufener und marktschreierischer Pfuscher zu verhüten — sind das nicht, fragen wir nochmals, Wahrzeichen von gesunder Art, welche sich die waltende Vorsicht der Regierung zu hegen und zu pflegen berufen fühlen sollte?

Es springt in die Augen, daß ein Vertretungssystem, das die verschiedenen Associationen praktischer Interessen zur Grundlage hätte, allen vernünftigen Anforderungen entsprechen müßte. Indem die Mitglieder der großen Berathungskörper des Landes und Reiches aus dem Schoße solcher Associationen hervorgingen, wäre damit ein lebensvoller Wahl-Organismus geschaffen, der uns folgende Vortheile brächte: Erstens hätte man eine wahre Interessen-Vertretung, weil ja das Princip der Wahlordnung eben nur auf die den vorhandenen Bedürfnissen und Verhältnissen entsprechende Scheidung und Vereinigung, auf die sachgemäße Gliederung der mannigfachen praktischen Interessen gebaut wäre. Zweitens brächte man damit eine Versammlung von eigentlichen Vertretern d. i. solchen Abgeordneten zu Stande, die den Kreis von Interessenten, zu dessen Gliedern sie gehören, aus dessen Schoße sie hervorgehen und in dessen Namen sie auftreten, in Wahrheit repräsentiren. Drittens hätte man es mit lauter Berufenen d. i. solchen zu thun, die der Sache, deren Nutz und Frommen sie am gehörigen Orte zu verfechten haben, gewachsen sind. Und mit diesem letzten Stücke wäre wahrhaftig etwas gewonnen, wornach man unseren heutigen parlamentarischen Debatten gegenüber alle Ursache hat, sich zu sehnen. Des Doctor Martin Luther goldene Regel:

„Tritt frisch auf, thu's Maul auf, hör' bald auf!" würde dann zur Wahrheit werden. Die Spalten unserer stenographischen Berichte über die Landtags= und Reichsraths=sitzungen würden allerdings um ein bedeutendes verkürzt werden; wir würden keine Vorträge zu hören und zu lesen bekommen, deren Bedeutung man nach ihrer Ausdehnung zu messen hätte; die Zahl der Redner, die „über alles und noch einiges andere" zu sprechen wüßten, würde gewaltig zusammenschrumpfen. Aber wir würden als Ersatz dafür Verhandlungen beiwohnen, an deren Verlauf sich nur jene betheiligten, welche die fachmännische Eignung dafür besäßen; wir würden Auseinandersetzungen vernehmen, die mit praktischem Verständnis und bündiger Schärfe die Klarstellung und Lösung wirklich förderten; wir würden Männer auftreten sehen, die sich zwar meist auf einem begränzten Gebiete, aber da mit Sicherheit und Gewandtheit bewegten, und so, indem **jeder von seinem** Standpunkte aus das gehörige Licht auf die fragliche Angelegenheit würfe, die **allseitige Beleuchtung** derselben zu Wege brächten. Der öfter genannte als gelesene Schriftsteller, auf dessen Urtheil wir uns schon einmal beriefen, erzählt, ein Gelehrter habe hinten in eines seiner Bücher geschrieben: „Quäritur, ist es besser wenig und das deutlich zu wissen, oder viel und undeutlich?" und beantwortet die Frage, wie folgt: „Ein Mann, der sich in einem engen Felde mit Aufmerksamkeit und Nachdenken beschäftigt hat, wird da, wo es nicht auf Geschmack sondern auf Verstand ankommt, gewiß auch außer diesem Felde gut urtheilen, wenn ihm der Fall gehörig vorgestellt wird, da der andere, der vielerlei weiß, nirgends recht zu Hause ist." Wir setzen dazu: Probatum est.

Wir sprachen in dem Vorangegangenen in lauter Conjunctiven und Optativen. Und in der That, der einzige, aber ausgiebige Einwurf, den man der Interessenvertretung in obigem Sinne machen kann, ist der: Jene Associationen praktischer Interessen, worauf die künftige Wahlordnung gebaut werden soll, welches sind sie? und wo sind sie? Es ist sicher nicht gemeint, daß jede wie immer geartete, mit dem Tage entsprießende und keine Gewähr dauernden Bestandes bietende Vereinigung Anspruch auf Vertretung ihrer oft sehr vereinzelten, oft ganz ephemeren Interessen im Landtage erheben könne. Auf diese Höhe können offenbar nur gewisse allgemeine Kategorien von Interessen gebracht werden und nur solchen Kategorien entsprechende, ein weites Gebiet beherrschende, eine große Menge gleichartiger Bestrebungen umfassende Associationen können als berechtigte Factoren auf dem großen Wahlplatze auftreten. Welches sind nun jene Kategorien und wo sind diese Associationen praktischer Interessen, deren Organismen den Unterbau unserer dereinstigen Berathungskörper bilden sollen?

Wir haben es hier weder mit der Ausarbeitung eines Systems der Interessenvertretung noch mit der Entwerfung einer auf dieses Princip gebauten Wahlordnung zu thun. Was wir hier vorbringen, sind nichts als Andeutungen dessen, worauf etwa vom Standpunkte dieses Vertretungsprincipes das Augenmerk zu richten wäre. Und da ziehen denn vor allem jene beiden großen Factoren den Blick auf sich, deren verfassungsmäßiger Vertretung schon die bestehenden Landtagswahlordnungen theils gerecht wurden, theils gerecht werden wollten. Sie sind aber keineswegs die Einzigen. Außer dem Grundbesitz und der Industrie spielt das Geldwesen unter den materiellen Factoren der Gegenwart eine so bedeutende Rolle, daß ein auf das Princip der Interessenvertretung gebauter Wahlorganismus davon nicht absehen kann; es würden in dieser Hinsicht unsere großen Creditinstitute, Börsen, Sparcassen, Creditvereine zu berücksichtigen sein.

Den materiellen Elementen unseres öffentlichen Lebens stehen die geistigen, Kunst und Wissenschaft, gegenüber. Es kann aber für den Gegenstand unserer Frage selbstverständlich von diesen Factoren nur, sofern sie in organischen mit corporativen Befugnissen ausgerüsteten Einigungen gesicherten Bestand haben, die Rede sein, also von staatlich anerkannten gelehrten Gesellschaften und wissenschaftlichen Vereinen, Kunstinstituten und Kunstgenossenschaften u. dgl. Der Lehrerstand als solcher, in seinem Abhängigkeitsverhältnisse von der Regierung oder Gemeinde, in deren Sold und Diensten er steht, kann vom Gesichtspunkte der Interessenvertretung eben so wenig als unabhängig selbständiger Factor im öffentlichen Leben gelten, wie der Staats- oder Gemeindebeamte als solcher, wie die Glieder der bewaffneten Macht als solche. Wohl aber gibt es gewisse, nach landläufiger Redeweise unter den Begriff der „Intelligenz" subsummirte Beschäftigungen, denen ein öffentlich beglaubigter Wirkungskreis eigen und die Wahrung wichtiger theils privater theils gemeinnütziger Interessen zugewiesen ist. Dahin gehören Advocaten und Notare, Aerzte und Wundärzte. Erstere besitzen bereits in den Advocaten- und Notariatskammern autorisirte Organe, die nur vielleicht, namentlich in den größeren Ländern, einer entsprechenden Abstufung nach Kreisen bedürften, um nicht erst die Landesvertretung, sondern schon die Kreisversammlung mit den Verfechtern ihrer Interessen beschicken zu können. Aehnliche Organe, etwa unter dem Namen von Medicinalcollegien, ließen sich auch für die Hüter der physischen Wohlfahrt von Land und Leuten, für die Vertreter der öffentlichen Gesundheitspflege ins Leben rufen.

Wenn es sich um detaillirte Ausarbeitung von Wahlordnungen für die einzelnen Länder handelte, so dürfte die besondere Vertretung noch mancher anderen Interessen in Frage kommen. So wäre es der Erwägung werth, ob sich der Bergbau, der in manchen Gegenden eine so einflußreiche Rolle spielt, einfach der

Kategorie des Grundbesitzes oder jener der Industrie zuweisen lasse oder ob er eine abgesonderte Berücksichtigung in Anspruch nehmen könne. Städte von einer gewissen Ausdehnung und Bevölkerungszahl werden es sich nicht gefallen lassen, gleich Orten von minderer Wichtigkeit einfach als territoriale Gemeinden zu gelten, sondern auf die Bedeutung Nachdruck legen, die ihnen als Knotenpunkten von Handel und von Verkehr, als Brennpunkten von Geselligkeit und Reichthum, als Stätten verfeinerten geistigen und materiellen Lebens nicht abgestritten werden kann u. s. w.

Dieß alles, wie gesagt, als bloße Andeutungen. Wir möchten nur zwei jener Factoren, den Grundbesitz und die Industrie, einer genaueren Würdigung unterziehen, einerseits um eine Idee davon zu geben, wie wir uns die Gliederung derselben als Associationen praktischer Interessen und deren Benützung als Unterbau eines nach den Grundsätzen der Interessenvertretung zu schaffenden Wahlorganismus ungefähr denken, anderseits um an einigen Beispielen zu zeigen, mit welchen Schwierigkeiten, mit welchen Vorurtheilen und Misverständnissen die Bildung solcher organischen Gliederungen heutigen Tages zu kämpfen hat und welche Hindernisse ihnen mitunter durch Fehl- und Uebergriffe in ihrem eigenen Schoße bereitet werden.

Vor allem der Grundbesitz und zwar, nach einer allgemein als nothwendig erkannten Scheidung, die Latifundien und die Kleinwirthschaft.

Die Association der Großgrundbesitzer, sei es eines ganzen Landes oder gewisser größerer Abtheilungen desselben, böte keine Schwierigkeit; die Thatsache liegt vor unsern Augen, daß die aus dem Schoße des Großgrundbesitzes hervorgegangenen Wahlen eine wirkliche Vertretung der dahin gehörigen praktischen Interessen zuwege bringen können. Nur fordert hier die Bemerkung ihren Platz, daß es, um die Inte-

reſſen des Großgrundbeſitzes als eines ſtändigen Factors
unſeres Verfaſſungslebens zur Warheit zu machen, nicht
hinreiche, wenn die Betreffenden bloß für den Act vorzuneh=
menden Wahlen zuſammenkommen und dann wieder auseinan=
dergehen, ſondern daß ſich dafür eine feſte Organiſation mit
fortlaufender Thätigkeit, mit regelmäßigen Zuſammenkünften,
mit bleibenden Ausſchüßen u. dgl. herausbilden müßte.

Wie ſieht es nun mit der Aſſociation und Vertretung der
Intereſſen der kleineren Landwirthſchaft aus? Als die dafür
berufenen Organe erſcheinen die Landwirthſchaftsgeſellſchaften
mit den landwirthſchaftlichen Kreis=, Bezirks= und Local=
Vereinen. Das Bedürfnis der Bildung ſolcher Geſellſchaften
und Vereine iſt ein ſeit langem gefühltes. „Der Wunſch",
ſagt Profeſſor Arenſtein in der allgemeinen land= und forſt=
wiſſenſchaftlichen Zeitung, „der Wunſch, die Landwirthſchaft
in Oeſterreich endlich einmal organiſch vertreten zu ſehen
datirt nicht von heute." Er weiſt ſodann nach, daß man „in
allen Ländern, wo die landwirthſchaftlichen Intereſſen mehr
als nominell vertreten ſind", einen gegliederten Organismus
antreffe, der ſich im weſentlichen auf folgendes reducire:
„1) Organe zur Wahrnehmung der localen Intereſſen und für
die Erhebung ſpecieller Bedürfniſſe; ſie beſtehen aus den
Landwirthen eines Bezirkes oder Kreiſes; die Zahl der
Mitglieder iſt gewöhnlich nicht groß, aber durch die detaillirte
Kenntniß des Terrains, welches ſie vertreten, maßgebend;
2) Organe, welche die Berathungs=Reſultate der erſteren zu=
ſammenfaſſen, zu legislatoriſchem Material verarbeiten, aus
localen Wünſchen allgemeine Vorſchläge formuliren und, aus
dem Zuge der Wolken das Gewitter ahnend, auf die Noth=
wendigkeit jeweiliger Blitzableiter aufmerkſam machen; und
endlich 3) ſolche Bureaux, welche entweder in einem Mini=
ſterium gipfeln oder, in kleineren Ländern, einem andern
Miniſterium zugewieſen ſind und jenes Material verarbeiten,
die Vorſchläge zu Verordnungen machen und die Wolken zer=

streuen. Diese Bureaux bedienen sich dann entweder des temporären Beirathes eines Collegiums von Repräsentanten des großen Grundbesitzes und Männern der Fachwissenschaften, oder senden ihre Fühlhebel in Gestalt von General-Inspectoren aus." Seit in Oesterreich freieren Regungen Spielraum gegönnt ist, begannen auch bei uns die landwirthschaftlichen Interessen ein regeres Leben zu entfalten, bildeten sich Kreis- und Bezirksvereine mit ziemlich lebhafter Betheiligung von Fachgenossen, wurden endlich Vorschläge zu systematischer Gliederung geeigneter Organe gemacht. Unter andern entwickelte ein mährischer Landmann in dem von der Brünner Ackerbaugesellschaft herausgegebenen slavischen Beiblatte folgenden Plan: In jeder Gemeinde sollte gleich dem für das Politisch-Administrative bestimmten Gemeinderathe ein **landwirthschaftlicher Ausschuß zur Erledigung der Culturfragen** zusammentreten. Derselbe hätte über Zusammenlegung und Trennung der Gründe, über Drainage, Gräben, Wiesenbewässerung, Samenbeischaffung, Assecuranz, Hutweiden, Baumschulen, Schutz gegen Schaden durch Böswilligkeit und Wild, kurz über alle die speciellen Verhältnisse der Gemeinde betreffenden Fragen zu berathen; der Ausschuß als solcher wäre Mitglied des Bezirksvereins, zu dessen Versammlungen er seinen Obmann und Schriftführer regelmäßig abzusenden hätte. Die **Bezirksvereine** hätten die Gemeindeberichte entgegen zu nehmen, technische Fragen zu erledigen, über Gemeindegränzen und Vicinalwege zu entscheiden, über Vorschläge erfahrener Grundwirthe zu berathen, landwirthschaftliche und technische Bücher, Zeitschriften und neue Maschinen zu besprechen und zur Anschaffung aus den Vereinsgeldern vorzuschlagen, über Marktpreise und über alle Gegenstände zu verhandeln, welche die Interessen des ganzen Bezirkes betreffen. Jeder Bezirksverein müßte wieder als solcher Mitglied der Ackerbaugesellschaft sein und zu deren General-Versammlungen den Vorstand und Schriftführer in gleicher Weise absenden, wie dieß von den Gemeindeausschüssen zu den Bezirks-Versammlungen geschieht. Diese hätten da den Verhandlungen beizuwohnen und mitzustimmen, natürlich im Namen des Bezirksvereins, der auch die Jahresbeiträge an die Gesellschaftscassa leisten würde. Jede Ackerbaugesellschaft sollte jedoch nur der Mittelpunkt der Verhandlungen sein; ihr stünde aber keine, wie immer geartete, Disciplinargewalt weder über die Bezirksvereine noch über die landwirthschaftlichen Gemeindeausschüsse zu.

Das wären nun allerdings Associationen praktischer Interessen im vollen Sinne des Wortes. Allein wenn es sich um deren Beruf fragt, als berechtigte Factoren im politischen Leben zu erscheinen, sich an dem Wahlkampfe für die Landesvertretung zu betheiligen, so machen sich mehrere nicht unerhebliche Bedenken geltend:

Erstens bedürfte die Organisation, sobald sie in einem Lande in dieser oder jener Weise durchgeführt wäre, der staatlichen Anerkennung, der Ausstattung mit gewissen corporativen und politischen Rechten.

Zweitens müßte die Betheiligung an diesen Vereinen eine bei weitem ausgedehntere sein, als dieß bisher der Fall. Von allen Seiten vernimmt man bei uns die Klage, daß eigentlich nur Großgrundbesitzer, wenige intelligentere, mehr städtischen Elementen angehörige Landwirthe und einzelne Repräsentanten der Landgeistlichkeit als Mitglieder erscheinen, wogegen die große Masse bäuerlicher Grundbesitzer eine auffallende Theilnahmslosigkeit bekunde. Was die Mitwirkung der Großgrundbesitzer betrifft, so kann sie der Wirksamkeit der landwirthschaftlichen Vereine wohl nur zum Vortheil gereichen und kein Hinderniß sein, daß diese letzteren in politischer Hinsicht einzig als Vertreter der kleinen Landwirthschaft zu fungiren hätten; die Wahlordnung müßte in diesem Punkte abhelfen. Allein immer bliebe die Voraussetzung, daß sich die kleine Landwirthschaft in der That und in ausreichender Weise an den Bezirks- und Kreisvereinen betheilige, oder vielmehr daß Localvereine in kleineren Umkreisen nach dem Vorschlag des mährischen Landmannes den Unterbau der Bezirks- und Kreisversammlungen bilden.

Drittens endlich, und das scheint in der heutigen Auffassung an maßgebender Stelle am schwersten zu wiegen: Auf den landwirthschaftlichen Vereinen lastet der Verdacht, daß sie „alles mehr als landwirthschaftliche Angelegenheiten behandeln und ihre Versammlungen nur benützen um Politik zu machen." Dieser Verdacht scheint sich durch nicht vereinzelt dastehend, Vorgänge in verschiedenen Ländern in beunruhigender Weise zu bekräftigen. Es ist erinnerlich, welche Rolle im Februar 1861 der landwirthschaftliche Verein in Warschau, den Grafen Zamoyski an der Spitze, bei den Wirren im Königreiche Polen spielte und wie sich nach den blutigen Apriltagen desselben Jahres die russische Regierung genöthigt sah ihn aufzulösen. „Der Verein", hieß es in der Motivirung dieser Maßregel, „sei durch den Druck der Verhältnisse in jüngster Zeit nur in ganz untergeordneter Weise landwirthschaftlich gewesen; er sei bei seiner unbegrenzten Mitgliederzahl und seiner gesetzgeberische und politische Zwecke verfolgenden Richtung mit Recht als eine Art Landesvertretung betrachtet worden und dieß sei auch factisch gewesen; der landwirthschaftliche Verein sei in seiner letzten Gestalt ein riesenhaft chaotisches Gebilde, ein Gemenge aus landwirthschaftlichen und legislatorisch-politischen Elementen gewesen" u. s. w. In der preußischen Provinz Posen sucht der ausschließlich aus polnischen Mitgliedern zusammengesetzte Centralverein einen tyrannischen Druck auf alle Localvereine zu üben und droht den nationalen Zwiespalt zwischen Polen und Deutschen nur heftiger zu machen; die Leiter einer von demselben berufenen Versammlung wurden wegen Ueberschreitung des Vereinsgesetzes, wegen Einmischung in öffentliche, dem landwirthschaftlichen Interesse fremde Angelegenheiten angeklagt und verurtheilt. Ein ähnlicher Geist scheint auch in unserem Galizien in die Landwirthschaftsgesellschaft gefahren zu sein; mindestens hegte die Regierung Besorgnisse dieser Art und hegt sie, wie es den Anschein hat, noch. Die beabsichtigte Gründung von Filialen wurde von den Behörden wiederholt verweigert, letzlich zwar im Principe zugestanden, sogar vom Ministerium „von seinem Standpunkte als erwünscht" erklärt, jedoch der Zeitpunkt zur Organisirung derselben nicht geeignet befunden. Man war darum von Seiten der galizischen Landwirthschaftsgesellschaft selbst bemüht, den gefährlichsten Stein des Anstoßes zu beseitigen, indem man den General-Versammlungen den Charakter förmlicher Volksversammlungen benehmen, die Betheiligung daran auf Abgesandte der Filialen beschränken wollte; allein das dießfällige Memorandum hatte sich bis jetzt nicht der erwünschten Berücksichtigung zu erfreuen. Neuestens wurde die Beschuldigung ungehörigen politischen Treibens gegen die landwirthschaftlichen Vereine in Böhmen erhoben und ihnen gegenüber von Seiten der Landesregierung Maßregeln getroffen, die hinwiederum, weil viele Mitglieder eine ersprießliche Wirksamkeit der landwirthschaftlichen Vereine damit unvereinbarlich hielten, eine freiwillige Einstellung ihrer Thätigkeit zur Folge hatten. Es ist bekannt, daß die Leiter dieser Vereine den gegen sie ausgesprochenen Verdacht von sich abwiesen, entschiedenste Verwahrung dagegen einlegten. Auch müssen wir, so viel aus den ausführlichen Verhandlungsberichten in den öffentlichen Blättern bekannt geworden, bestätigen, daß sich uns eine Wahrnehmung politischer Agitation im Schoße der landwirthschaftlichen Versammlungen niemals aufgedrängt hat. Wenn an den Gelagen, die denselben zu folgen pflegen, dem Vereine nicht angehörige Personen theilnahmen, Reden und Toaste auf das Feld allgemeiner Politik hinüberschweiften, Sammlungen für Tageszwecke veranstaltet wurden u. dgl., so ist das wohl in so außergewöhnlichen

Zeitläuften wie die jetzigen kaum zu vermeiden, noch weniger zu verübeln; und wollte man aus diesem Grunde von Regierungswegen finster darein schauen, so böten die deutschen Turnvereine, Gesangs- und Schützenfeste die allererste Gelegenheit dazu, zumal von diesen nicht österreichische, sondern schwarzrothgoldene Politik getrieben wird. Allein angenommen, es wären nicht bloß, wie die harten Worte der Anklage lauten, die auf die Versammlungen gefolgten „Festessen und Besedas zu sogenannten nationalen, die Reichsverfassung unterwühlenden Demonstrationen" benützt worden, sondern es sei in der That eine oder die andere Versammlung selbst von ihrer eigentlichen Bestimmung abgewichen und hätte politische Tagesfragen in den Kreis ihrer Berathung gezogen, so hieße es, däucht uns, das Kind mit dem Bade verschütten, wenn man darum gegen ein seinem Ursprunge und seinen Zwecken nach ohne Frage heilsames Institut mit einer übermäßigen Strenge einschritte, die ihm den Nerv des Lebens unterbände. Andrerseits hätten die landwirthschaftlichen Vereine aus diesen Vorgängen immer die Lehre zu ziehen, wie sehr es in ihrem eigenen Interesse gelegen sei, jeden Anschein unberechtigter Einmischung in öffentliche Angelegenheiten zu vermeiden, vielmehr in den Vorwürfen ihrer Berathung eine unverbrüchliche Ordnung zu handhaben, deren Einhaltung nur ihnen selbst zu statten kommen wird. Die parlamentarische Erörterung der großen politischen Fragen gehört allein und ausschließlich den großen politischen Vertretungskörpern des Landes und Reiches an. Keine geordnete und kräftige Regierung wird es sich gefallen lassen, daß engere für besondere Zwecke bestimmte Kreise sich Befugnisse anmaßen, die nur den staatlichen Organen oder verfassungsmäßigen Versammlungen zustehen. Die landwirthschaftlichen Vereine sowie andere Associationen praktischer Interessen werden ihre Eignung als lebendige Glieder dem staatlichen Organismus eingefügt zu werden, nicht dadurch erweisen, daß sich ihre Angehörigen auf den Wogen schwankender Tagespolitik herumtreiben, sondern einzig dann, wenn sie auf eigenstem Gebiete ausschließlich und ausdauernd jene Interessen pflegen, deren sachgemäße Vertretung vom höheren politischen Standpunkte erst im Schoße der großen politischen Berathungskörper ihre geeignete Stelle finden kann.

Wie beim Grundbesitz, so scheidet sich auch bei Handel und Gewerbe die große Industrie von der in beschränkteren Verhältnissen thätigen ab.

Was die Interessenvertretung der ersteren betrifft, so ist dafür durch Organe gesorgt, die, vom Staate anerkannt und seit Jahren in praktischer Wirksamkeit, bei den letzten Wahlen für die Landtage auch ihre verfassungsmäßige Bedeutung zur Geltung bringen konnten. Daß die Handels- und Gewerbekammern in politischer Linie sich immer nur als Organe der großen Industrie tragen werden, haben sie durch eben diese Wahlen bewiesen; die Petition der Wiener Schuhmachergenossenschaft an das Herrenhaus (April 1862) wies zu ihrer Rechtfertigung ausdrücklich auf den Umstand hin, „daß das Kleingewerbe im Reichsrathe nicht vertreten sei, daher denn auch dessen gemeinsame Interessen nicht gewahrt würden, wie die Beschlüsse über den Skene'schen Antrag zur Genüge offenbarten".

Und in der That wären die Genossenschaften, zu deren Bildung die auf den freisinnigsten Grundlagen ruhende Gewerbeordnung vom 20. December 1859 den Anstoß gab, zu jener Interessenvertretung berufen, deren das Kleingewerbe sowohl an und für sich als im Gegenhalte zu den Interessen der großen Industrie desto mehr bedarf, je freier und selbstthätiger sich unser öffentliches Leben entfalten wird. In dieser Hinsicht scheinen aber unsere seitherigen Einrichtungen einiger Nachhilfe zu bedürfen. Das Verhältnis des Kleingewerbes zu den Handels- und Gewerbekammern und umgekehrt jenes der großen Industrie zu den Genossenschaften fordert genauere

Bestimmung. Ungefähr vor einem Jahre machte sich in Böhmen eine weit verbreitete Agitation gegen die Handels- und Gewerbekammern bemerkbar; die böhmischen Zeitschriften brachten gegen die Zusammensetzung und das Gebahren der Kammerinstitute einen Protest nach dem andern, die fast insgesammt aus dem Schoße des Kleingewerbes hervorgingen. Umgekehrt hatte, wie man sagt, der Kampf gegen die Genossenschaften seinen Ursprung in dem Widerstreben eines größeren Geschäftsunternehmers, der nach dem Gewerbegesetze zum Eintritt in die bestehende Genossenschaft des Kleingewerbes gleichen Zeichens fruchtlos aufgefordert wurde und zwangsweise hierzu verhalten werden sollte. Anstatt nun, wenn man an einer solchen Verquickung der großen Industrie mit dem Kleingewerbe Ärgernis nahm, auf eine Klärung, im äußersten Falle auf eine Lösung dieses Verhältnisses zu bringen, wurde das ganze Institut der Genossenschaften zum Gegenstande der erbittertsten Angriffe gemacht. „Der Associationszwang der Genossenschaften", hieß es, „steht im Widerspruche mit der Associationsfreiheit unseres constitutionellen Lebens, die Beweglichkeit der Gewerbefreiheit verträgt sich nicht mit der Ständigkeit der Genossenschaften. Ihr Princip ist Zwang, ihr Charakter Maßregelung. Die Genossenschaft ist kein Verein, sondern eine Strafcompagnie. Ihr Lebensnerv ist eine ungerechtfertigte Besteuerung für Zwecke, die in anderer Weise zu erfüllen sind. Wozu besondere Armensteuern und Unterstützungscassen, wenn die Gemeinde berufen ist, für ihre Angehörigen zu sorgen? Wozu besondere Schiedsgerichte, wenn wir die allgemeinen Gerichte haben? Die ganze Einrichtung ist nur eine verdeckte Wiedereinführung des alten Zunftwesens, dem Jene ein Hinterpförtchen gern offen ließen, die an Vorsteherschaften, an Titeln und Würden Gefallen finden, wieder Befehlerles spielen möchten. Autonomie ist das große Losungswort des Tages, Autonomie der Gemeinden, Autonomie der Bezirks-, Kreis-, Landesvertretung, Autonomie des Gewerbes; aber will man denn ganz und gar auf die wichtigste aller Autonomien vergessen, auf die Autonomie des Individuums?"

Mit Recht wurde von der Gegenseite bemerkt: Die prätendirte Autonomie des Individuums sei nichts anderes als die Atomie der staatlichen Gesellschaft, diese letztere aber ein veralteter, von der modernen Wissenschaft längst überwundener Standpunkt; die heutige Auffassung des Staatslebens sei von der atomistischen Anschauung zu einer organischen übergangen, lege der Staatslehre die Gesellschaftslehre zu Grunde. Es sei ferner irrig zu meinen, als ob es im Staate nichts staatliches gebe als die Regierung, als ob es unter dieser keine selbstständigen Organismen gebe als die territoriale Gemeinde, da vielmehr der Staat ein vielgliedrig in einander greifendes und übereinander sich aufbauendes System von Organismen der verschiedensten Art darstelle. Wenn man nichts anerkennen wolle als die Regierung und die territoriale Gemeinde, dann müsse man, um consequent zu sein, den Gemeindebüttel und die Polizei auch in Haus und Hof ihres Amtes walten lassen. Wolle man nicht vielmehr der Einsicht Raum geben, daß es mit der Handhabung von Ordnung, mit der Schlichtung gewisser Streitigkeiten, mit Schutz und Beistand der Bedrängten sowohl einfacher als besser bestellt sein müsse, wenn man diese Mühewaltungen engeren, mit den eigenthümlichen Zuständen vertrauten und ein besonderes Interesse daran nehmenden Kreisen anheimstelle, anstatt alles der Regierung und der Gemeinde an den Hals zu werfen? Von Wiedereinführung der Zünfte im alten Style könne dem Grundsatze der Gewerbefreiheit gegenüber so wenig eine Rede sein, als sich ja die ganze Sachlage geändert habe: die Zünfte seien Vereine zur Abwehr der Concurrenz gewesen, die Genossenschaften im Gegentheile sollen Vereine zum siegreichen Bestehen der Concurrenz sein. Die heutige Genossenschaft komme mit der früheren Zunft nur darin überein, daß diese war, jene sein solle ein corporativer Verband, dessen Seele und belebendes Princip der gemeinsame Lebensberuf ist, und daß die Zunft bezüglich des geschlossenen Geschäftsbetriebes den Beruf erfüllt habe, die Genossenschaft bezüglich des freien Geschäftsbetriebes den Beruf erfüllen solle, die fachmäßige Thätigkeit auf ihre natürliche feste Grundlage zu stellen, den Schutz derselben der in der corporativen Verbindung liegenden und durch diese erhöhten Kraft anzuvertrauen. Organisation des Gewerbestandes sei mit dem Grundsatze der Gewerbefreiheit mit nichten unvereinbar; im Gegentheile lasse sich kein freies Leben auf die Dauer denken, das nicht zugleich ein geordnetes sei. Die Organisation des Gewerbestandes aber sei nothwendig, weil sich eine Anzahl guter Zwecke nur auf diesem Wege erreichen lasse: Hebung des Standesbewußtseins und Wahrung der Standesehre, Erhaltung von Zucht und Ordnung unter den Berufsgenossen in ihren Gegenseitigkeits- und Unterordnungsverhältnissen, fachmäßige Heranbildung des Nachwuchses, wechselseitige Hilfeleistung und Unterstützung. Daß in dieser Hinsicht durch eine von dem Boden der Association ausgehende Verpflichtung die segensreichsten Folgen erzielt werden, das bewiesen so viele, nicht auf Gewinn berechnete, sondern auf das Princip der Association gleichartiger Interessen gebaute Unterstützungs-, Kranken-, Pensions-Vereine, wie die Bruderladen unter den Bergleuten, die Holzschlägercassen in den mährischen Gebirgen u. a. Daß es im Gegentheile für diese und ähnliche Dinge mit der ordnungslosen Freiheit, mit dem willkürlichen Ermessen des Einzelnen nicht vorwärts gehe, dafür spreche das Zeugnis des Wiener Gemeinderathes in Betreff der durch Genossenschaftsbeiträge erhaltenen und im schönsten Aufblühen begriffenen Gewerbeschulen, deren Weiterführung aber sich durch häufige Verweigerung der Einzahlungen von dem Momente an in Frage gestellt habe, als in Folge des Skene'schen Antrages die Möglichkeit des Aufhörens der Genossenschaften erschienen sei.

Denn der Spruch: „Wenn der Bauer nicht muß, regt er weder Hand noch Fuß" leide unter Umständen, wo eine Bevölkerung aus einem jahrhundertlangen System der Bevormundung ohne Uebergang in den Zustand von Freiheit versetzt worden, weiter gehende Anwendung. Jedem Menschen sei das Nichtzahlen lieber als das Zahlen und darin allein liege der Erklärungsgrund jener wohlfeilen Beliebtheit, deren sich die Pläne der Genossenschaftsfeinde erfreuen. An mehr als einem Orte sei mit dem ersten Auftauchen des Skene'schen Antrages die kaum begonnene Bildung der Genossenschaften in Stillstand gerathen; die Gewerbsleute leisteten seit zwei Jahren keine Beisteuer für Vereinszwecke mehr und sähen, daß trotzdem ihre kranken oder in Noth gerathenen Genossen, deren Obsorge nun der Gemeinde zur Last falle, Unterstützung finden; so würden sie immer mehr jedweder selbstthätigen Verpflichtung entwöhnt und je länger dieser Zustand dauere, desto mehr s ch e i n b a r e Gründe werde Herr Skene für die Popularität seines Antrages vorzubringen haben.

Dagegen repliciren die Andern: Eine Wohlthat, deren Leistung auf einem Gebote beruhe, höre auf Wohlthat zu sein. Uebrigens verfalle niemand a l s Schuster oder Schneider in Krankheit, befinde sich nicht a l s Bürstenbinder oder Lohgerber in Noth; darum könne man auch nicht den Genossen dieser Gewerbsthätigkeiten die Pflicht auferlegen den Kranken oder Bedrängten beizuspringen, sondern der Gemeinde komme dieß zu oder die bemittelten Classen seien berufen, für ihre unbemittelten Mitbürger zu sorgen. Man wolle allerdings auf die Krankencassen in Fabriken hinweisen; das sei aber ganz etwas anderes. Denn diese seien durch die Obhut der Fabriksherren entstanden, denen sonst die Fürsorge für die kranken Arbeiter, von deren Hände-Arbeit sie Nutzen ziehen, unbequem fallen würde; übrigens stehe es ja nur bei dem Arbeiter, dem die Leistung des Krankenbeitrages schwer falle, sich durch Verlassen des Etablissements davon zu befreien,

den Spaten oder die Hacke zu ergreifen, in den Wald oder
in's Feld zu gehen. Wenn man vollends mit „Standes=
bewußtsein", mit „Standesehre", mit „Standesinteressen"
komme, so kenne man schon diese Kreuzzeitungsfloskeln, diese
hohlklingenden Redensarten der Junkerpartei, diese dummer=
witzer Terminologie! ...

Die so sprachen, hatten das letzte Wort. Sie konnten
sich darum ungestraft erlauben, in einem Athem vom hohen
Rosse des „Liberalismus" die rechtmäßige Besteuerung der
Genossenschaftsglieder herabzukanzeln und die Zwangsbeiträge
der Fabriksarbeiter zu den Krankencassen in Schutz zu nehmen.
Sie hatten nicht die Entgegnung zu fürchten, daß man ja
eben so gut sagen könne, es sei auch niemand als Gemeinde=
glied krank oder stecke als Staatsbürger in Noth, sondern
als Mensch, daher sich eben so wenig die Verpflichtung der
Gemeinde oder der Regierung für Bedrängte zu sorgen recht=
fertigen lasse. Sie kamen auch nicht über die Beantwortung
der Frage in Verlegenheit, wie man denn, wenn man das
Banner uneingeengter Freiheit emporhalte und eine gebotene
Wohlthat für keine erkläre, die Unterstützung der Unbemittel=
ten mir nichts dir nichts auf die Schultern der bemittelten
Classen wälzen könne u. s. w.

Doch genug davon. Das letzte Wort in der Genossen=
schaftsfrage ist noch nicht gesprochen. Was uns betrifft, so
ist wohl aus dem Vorangegangenen sattsam klar, auf welcher
Seite unsere Sympathien, unsere Ueberzeugungen stehen, wenn
man uns gleichwohl nicht nachsagen darf, wir hätten zu den
Argumenten der Gegner, um sie im Nachtheil erscheinen zu
lassen, aus eigenem etwas hinzugethan. Uns ist bei der
gegnerischen Auffassung dieser und ähnlicher Fragen nur Eines
wahrhaft unbegreiflich. Gehört denn um des Himmels willen
— so sagten wir oftmals bei uns — so gar viel dazu, um
einzusehen, daß unsere verfassungsmäßige Freiheit in alle
Ewigkeit ein eitles Gebilde bleiben wird, der Gefahr jedes

Windstoßes, der es in sich zusammenfallen mache, ausgesetzt, solange sie ohne feste Grundlage, ohne soliden Unterbau nur in den obersten Regionen gleichsam in der Luft schwebt? Und welche andere Grundlage, welchen anderen Unterbau kann die Freiheit in den obern Regionen haben als die Freiheit in den untern, in den mittleren Regionen? Das Wesen gesellschaftlicher und staatlicher Freiheit aber ist nicht planlose Ungebundenheit, sondern gesetzmäßige Ordnung. Jenem, der ihn aufforderte, in Sparta die Demokratie einzuführen, gab Lykurgos zur Antwort: „Führe du zuerst in deinem Hause eine Demokratie ein!" Wir haben die Familie, wir haben den Staat; man kann den Staat eine Familie im großen, man kann die Familie einen Staat im kleinen nennen; man ist darüber einig, daß beide einer festen Ordnung bedürfen, wenn sie sich auf die Länge halten sollen. Aber kommt man denn aus der Familie unmittelbar in den Staat? Gibt es nicht unendlich viele und unendlich verschiedene Zwischenglieder, die den Uebergang von der Familie zum Staate vermitteln? Und diese Zwischenglieder, sie sollen ohne feste Ordnung, ohne organische Gliederung gedeihen können? sie sollen dem Ungefähr vereinzelten Beliebens anheimgestellt bleiben?

Der Kampf gegen die Genossenschaften als organische Gliederungen des Gewerbestandes, als gesetzlich geschützte und begünstigte Associationen industrieller Interessen nahm bei uns seinen Ausgangspunkt von Brünn, und Brünn war es, auf das die ersten und wortreichsten Bekämpfer des Institutes der Genossenschaften fortwährend hinwiesen. Alle Achtung vor dem „Manchester von Oesterreich"! Aber Brünn ist nicht Wien und Brünn ist nicht Böhmen. Wenn man nun, wie von berufener Seite geschah, sich darauf stützen kann, daß in Wien, das einige Brünne in sich faßt, und daß in Böhmen, das einige Wiene in sich faßt, daß also „in der Haupt- und Residenzstadt und in dem gewerbreichsten Königreiche der Monarchie, das gewiß auch zu den intelligentesten Ländern gehört", die Bildung der Genossenschaften einen raschen und erfreulichen Fortgang machte, so ist das doch ohne Widerstreit ein Argument, das in einer Angelegenheit, wo es auf Thatsachen und Erfahrungen ankommt, schwer in's Gewicht fällt. „Und was haben sie denn bisher geleistet, diese Genossenschaften in Wien und in Böhmen?" fragt man von der Gegenseite und zählt ein langes Register der Unterlassungssünden her, deren sich die alten Zünfte schuldig gemacht. Allein dieser Einwand ist durchaus unstatthaft. Die Genossenschaften sind keine Zünfte und die jetzigen Zeiten sind nicht die früheren. Wenn man aber nach Leistungen der kaum gebildeten Genossenschaften fragt, so muß man ihnen zuvor Zeit gelassen haben, sich in das rechte Geleise zu finden und in Bewegung zu setzen. So lange das nicht der Fall, so lange im Gegentheil die Daseinsfrage fortwährend im Hintergrunde droht, so lange werden freilich Jene scheinbar Recht behalten, die der ganzen Institution von vornherein das Kainszeichen der Unfruchtbarkeit aufdrücken. Wird aber einmal der Bestand der Genossenschaften gesichert sein, wird ihre Gliederung sich gefestigt, ihre Wirksamkeit sichere Bahnen eingeschlagen haben, dann wird es auch nicht schwer fallen, sie als Unterbau für einen Wahlorganismus zu benützen, worin das von dem Interesse der großen Industrie verschiedene Interesse des Kleingewerbes nicht unvertreten bleiben darf.

III.

Schluß.

Welches der drei Vertretungsprincipe, die wir kritische Revue passiren ließen, ist zur künftigen Herrschaft berufen?

Jedes derselben hat, wie sich uns zeigte, etwas für sich, aber manches gegen sich.

Für die ständische Vertretung spricht das in staatlichen Dingen immer bedeutungsvolle geschichtliche Moment, es stellen sich ihr aber die seit unserem großen politischen Umschwung durch und durch geänderten Verhältnisse als Hinderniß in den Weg.

Für die Wahlbezirksvertretung streitet der praktische Vorzug leichter und einfacher Durchführbarkeit, sie leidet aber von mehr als einer Seite an erheblichen innern Widersprüchen.

Der Interessenvertretung steht unläugbar die gereifte Einsicht der modernen Wissenschaft zur Seite, es fehlt aber ihrer Inswerksetzung noch vielfach der nothwendige sociale Unterbau und es hat die Herrichtung des letzteren mit weit verbreitetem Widerstande und mit mannigfachen Schwierigkeiten zu kämpfen.

Wird es dem Principe der Interessenvertretung gelingen, diese Schwierigkeiten zu besiegen, jenen Widerstand zu brechen? Oder wird jenes der ständischen Vertretung im Stande sein, die noch vorhandenen Materialien des alten Gebäudes zu einem Sturm und Wetter trotzenden Neubau zu verwenden? Es ist mit großer Wahrscheinlichkeit vorauszusagen, daß diese beiden Principe in ihrer Vereinzelung jenem der Wahlbezirksvertretung, das den größten Theil des Gebietes thatsächlich bereits inne hat und dessen Weisen und Formen dem eilenden Geiste unserer Zeit am meisten zusagen, das Feld werden räumen müssen. — Oder werden sich etwa die Principe der ständischen und der Interessen-Vertretung mit einander verständigen, um beide vereint dem dritten die Stirne zu bieten? Denn ohne Frage haben sie, wenn auch bei dem einen die Erinnerungen der Vergangenheit, bei dem andern die Zustände der Gegenwart das große Wort führen, das mit einander gemein, daß sie dem Mechanismus der Wahlbezirksvertretung gegenüber einen gegliederten Aufbau der gesellschaftlichen Verhältnisse als naturgemäßen Unterbau der Verfassung und einen daraus hervorgehenden Wahlorganismus zur Geltung zu bringen suchen. — Oder wird etwa die jetzige Verschmelzung aller drei Vertretungsprincipe auch für die Zukunft das Feld behaupten?

Und weiter: Was wird geschehen, nachdem diese Frage auf den Landtagen, wo die verschiedenen Meinungen um ihre Banner geschaart mit einander in den Kampf gehen werden, in der einen oder andern Weise entschieden sein wird? Wie wird sich in diesem oder jenem Falle die künftige Zusammensetzung des Reichsrathes gestalten? In welcher Weise wird sich dieser letztere die Festigung unserer Gesammtstaatsverfassung angelegen sein lassen? Und wie wird diese endgiltig festgestellte Gesammtstaatsverfassung ausschauen?

Da wir nicht die Gabe haben zu weissagen, so wollen wir auch niemandem etwas weißmachen. Wir haben es vorweg von uns abgelehnt, einen zweiten Abbé Siéyes zu spielen, uns auf die Verfassungsmacherei zu legen; wir haben es von Anfang her ausgesprochen, daß es nach unserer festgewurzelten Ueberzeugung nur darum zu thun sein könne, die Vorbedingungen, die der Weiterbildung unserer Verfassung den Weg ebnen müssen, bereit zu stellen und für diesen Zweck uns über den Punkt zu einigen, von welchem wir auszugehen haben, uns über die grundsätzlichen Widersprüche zu verständigen, welche die Klarstellung unserer organisatorischen Zielpunkte verhindern, uns um die Banner der verschiedenen Principe zur endgiltigen Feststellung unserer staatlichen Vertretung zu sammeln, wozu uns der Monarch durch die „Schlußbestimmung" der Landtags-Wahlordnungen indirect aufgefordert hat und die jedenfalls das erste sein muß, ehe an die Weiterbildung unserer Verfassung geschritten werden kann.

Fassen wir den Kern unserer gesammten Erwägungen in wenige kurze Sätze zusammen, so lauten sie wie folgt:

Den Ausgangspunkt unseres Verfassungslebens, versuchten wir nachzuweisen, darf weder das Diplom vom 20. October 1860 allein, noch das Patent vom 26. Februar 1861 allein, sondern muß das Februarpatent in seinem vom allerhöchsten Gesetzgeber selbst ausgesprochenen Zusammenhange mit dem Octoberdiplome bilden.

Allerdings, gaben wir ferner zu, steht es in einem großen Theile des Reiches augenblicklich so, daß man dort weder von dem Februarpatent noch von dem Octoberdiplom etwas wissen will; allein so lange es dort also steht und so lange wir nicht die Macht haben, das Recht den widerstrebenden Elementen gegenüber zur Anerkennung zu bringen, bleibt eben nichts anderes übrig, als die bessere

Uiberzeugung sich von selbst dort Durchbruch bahnen zu lassen.

Von einem Pactiren mit Ungarn, wollen wir nicht den kürzeren ziehen und die Gesammtinteressen der Monarchie auf das Spiel setzen, läßt sich nur dann heilsames erwarten, wenn wir durch eine den gegebenen Verhältnissen zusagende Entwicklung unseres Verfassungslebens Ungarn einerseits geneigt machen auf unsere Anforderungen zum Anschluße einzugehen, und es andrerseits in die Lage setzen von seinen Befürchtungen vor diesem Anschlusse abzulassen. So lange sie drüben nicht die bringendsten Beweggründe haben, mit begehrendem Neid auf die Gestaltung und Entfaltung unserer politischen Zustände zu blicken, so lange können wir hüben nicht hoffen einen dauernd innigen Bund mit ihnen einzugehen. Die beste Politik in den nicht-ungarischen Ländern ist zugleich die beste gegenüber von Ungarn.

Sie ist zugleich die beste dem Auslande gegenüber. Nicht eine die übrigen Nationalitäten beleidigende und zurückstoßende exclusiv deutsche Politik, nur eine die Ansprüche und Bedürfnisse aller Volksstämme gleichmäßig berücksichtigende charakteristisch-österreichische Politik wird uns inneren Frieden und damit zugleich jene innere Kraft gewährleisten, womit wir selbstbewußt und gerüstet allen Künsten der gegen uns verschworenen auswärtigen Diplomatie Trotz bieten können.

Um es aber unserer Regierung möglich zu machen eine solche Politik einzuhalten, müssen jene unter uns, denen das Heil Oesterreichs am Herzen liegt und die einsichtsvoll genug sind, in dem Heil Oesterreichs das eigene Heil zu erkennen, das ihrige dazu beitragen. Es muß sich eine gesinnungsvolle und muthige Partei der Mitte unter uns bilden, die in dem wirren Durcheinanderreifern der verschiedenen Richtungen unserer Organisationspolitik das Wahre, das jeder dieser Richtungen zu Grunde liegt, von den Ausartungen, in die sie nur zu leicht gerathen, scheiden, jenes zur allgemeinen Anerkennung bringen, diese dagegen mit nachdrücklichem Ernste niederkämpfen wird.

Das Erstarken einer solchen Partei der Vermittlung und Verständigung kann auch allein eine erfolgreiche Thätigkeit der Landtage verbürgen, auf deren Wirken jedenfalls für die nächste Zukunft der Schwerpunkt unseres Verfassungslebens fällt, solange der Reichsrath, unvollständig durch das Ausbleiben der Vertreter ganzer Länder, verstümmelt durch die Nichtbetheiligung bei den wichtigsten Fragen von Seiten eines großen Theiles der erschienenen Glieder, nur durch künstliche Mittel „die weite Rüstung auf sehr dünnem Leib" zu tragen befähigt werden kann.

Der Schwerpunkt unseres Verfassungslebens muß für die nächste Zukunft auch aus dem Grunde auf die Landtage fallen, weil die Landesvertretungen zugleich zur Grundlage der Reichsvertretung dienen und weil darum die Weiterbildung unserer Verfassung, deren gegenwärtige Gestalt mit den staatsrechtlichen Bedürfnissen aller Theile unserer Monarchie nicht in wünschenswerthem Einklange zu stehen scheint, nur von der grundgesetzlich gestatteten Revision der Zusammensetzung unserer Vertretungskörper ihren Ausgang nehmen kann.

Die Vornahme dieser Revision, die inzwischen, wie sich von selbst versteht, weder die Ausübung der übrigen landtäglichen Befugnisse aufhalten noch die regelmäßige Einberufung des Reichsrathes in seiner bisherigen Gestalt hindern soll, wird zugleich zu einer Revision, und in deren Folge entweder zur Bekräftigung oder zur Aenderung des bisherigen Verhältnisses der Landtage zu dem Reichsrathe, der Zusammensetzung und des Wirkungskreises des letzteren führen und in dem ein wie anderen Falle dem öffentlichen Vertrauen in unsere verfassungsmäßigen Zustände und Aussichten eine sichere Grundlage bereiten.

In wenigen Worten:

Die großen Principien des Octoberdiploms von dem Boden der durch die Februarpatente gegebenen Verfassung aus zur Wahrheit zu machen —

und

dem Reichsrathe von dem Bereiche der Landtage aus jene Zusammensetzung und Wirksamkeit zu sichern, die ebensowohl den staatsrechtlichen Verhältnißen und Bedürfnissen der verschiedenen Königreiche und Länder als der sanctionirten unzertrennlichen Einheit und Zusammengehörigkeit des Kaiserstaates entspricht —

ist unser Ziel und Programm.

Doch wird uns wohl die Zeit, wird uns die Muße gegönnt sein, diesen gründlichen, aber unter allen Umständen langwierigen Proceß durch alle Stadien zu führen? Wird das Ungewitter, dessen dräuende Vorboten sich bald hier bald dort dem aufmerksamen Beobachter kund geben, so lange auf sich warten lassen, um uns in dem friedlichen Werke der Festigung unserer Verfassung nicht zu stören?

Es will scheinen, daß der aufmerksamen Beobachter, die auf jene Vorboten achten, nicht eben zu viele seien. Man würde sonst in hundert und hundert Dingen, die an und für sich von minderer Erheblichkeit erscheinen mögen, die aber als Wahrzeichen tiefgreifender Zustände nicht ernst genug zu nehmen sind, nicht so in den Tag hineinleben, wie es thatsächlich geschieht. Man würde es sonst nicht unterlassen, in wichtigen inneren Angelegenheiten eine heilsame Initiative zu ergreifen, Mittel- und Anziehungspunkte zur Sammlung und ersprießlichen Bethätigung bedeutungsvoller Regungen zu schaffen. Man würde sonst nicht, leichtfertig und heiter, aus allen Ereignissen in der Runde um uns nur die unsere bösen Sorgen einlullenden Momente herauskehren, gleich den unbekümmerten Gesellen in Auerbach's Keller, die mitten im berauschenden Qualm froher Lieder und guten Weins keine Ahnung von der Nähe des unheimlichen Gastes haben, dem sie nur zu bald Lehrgeld zu zahlen haben werden. —

„Steht es denn so schlimm mit uns?" heißt es. „Wer sollte uns etwas anhaben? Sie haben alle mit sich selbst zu thun! Der nordische Koloß, er steht auf thönernen Füßen, die bei dem ersten Anstoß zusammenbrechen werden, seit der opferwillige Patriotismus des Adels durch die Bauernemancipation an Einfluß und Einkünften geschädigt worden ist, seit der Leibeigene sich zu fühlen gelernt, blind zu gehorchen verlernt hat, seit in der Bevölkerungsmasse der Hauptstädte alle politischen und socialistischen Leidenschaften angefacht worden sind. Preußen, das neuestens seine Politik der freien Hand gegen eine von französisch-deutschem ‚Blut und Eisen' umgetauscht, woher will es das Eisen nehmen, wenn ihm vom Parlament die Reorganisation und Erhöhung der Militärmacht verweigert wird, wenn, wie von Kleist-Retzow jüngst im Herrenhause sagte, ‚Krone und Volksvertretung in schlechter Ehe leben' und mit einander über die Ordnung des Hauswesens in fortwährendem Hader sind? Frankreich hat vor der Hand seine Puebla-Scharte auszuwetzen, den Kampf mit den Mexicanern und dem gelben Fieber zu bestehen und jenen zwischen Lincoln und Jefferson Davis zu überwachen; eine Erneuerung des Kampfes in Europa fände bei den Franzosen selbst den größten Widerstand. ‚Wir haben', sprach in diesem Sinne ‚Le Temps', ‚das Programm von Bordeaux nicht vergessen und wir wünschten, daß Frankreich endlich der Friede wäre'. Das einige Italien ist uneiniger als je: Königthum und Mazzinismus, Belagerungszustand und Camorra, Blockhäuser und Brigantenthum, Rom, Sicilien, Deficit — es ist bei sich zu Hause noch lange nicht fertig und kann an einen Angriff auf unser Festungsviereck nicht denken. Die kleinen Herde der Unruhe und Kriegsfurie nächst unserer südlichen Gränzen endlich sind vollends außer Thätigkeit gesetzt: Montenegro ist auf ein Menschenalter kampfunfähig gemacht; Serbien hat durch die Vermittlung seiner diplomatischen Freunde kaum soviel gewonnen, als es durch eine unzeitige Demonstration an militärischer Bedeutung verloren hat; in der Moldau tritt die Bewegung gegen die Union mit der Walachei mit jedem Tage allgemeiner und offener hervor"....

Erbaue sich an derlei Betrachtungen wer kann; wir vermögen es nicht. Wir fassen all' das nur als vorübergehende Zustände auf, die mit einem Ruck, wenn man den rechten Zeitpunkt gekommen glauben wird, eine andere Gestalt annehmen können. Wahrlich, möchten wir ausrufen, es gibt Dinge zwischen dem Ural und dem Golf von Gascogne, von denen sich eure Staatsklugheit nichts träumen läßt! Ein Zweck wird verfolgt und alles andere sind nur Mittel zum Zwecke. Wir können die Erreichung jenes Zweckes nicht wünschen, aber wir können sie, solange Europa's Cabinete mit Blindheit geschlagen sind, nicht aufhalten. Unsere Isolirung ist nur Mittel zum Zwecke, die neue unheilige Allianz ist nur Mittel zum Zwecke, alle Köder, die man den einzelnen Bundesgenossen vorhält, sind nur Mittel zum Zwecke. Wenn die Stunde gekommen sein wird, werden sich die häuslichen Zwiste in Rußland legen, um das Testament Peter des Großen in Ausführung zu bringen, werden an der Spree Krone und Volksvertretung eins werden um sich aufs Mediatifiren und Annexiren zu verlegen, werden die Mazziniften, die Camorriften, die Ratazzianer um der quarta riscossa willen unter einander Friede machen. Und jeder wird glauben, seine eigenen Ziele zu verfolgen, ein Einziger wird wiffen, daß sie alle nur ihm dienen. Wir aber, wir können darüber zu Grunde gehen, daß wir, was für die nächste Zukunft unausweichlich ift, abwenden gewollt, daß wir uns nicht zur Abwehr gerüftet, wo fich die andern auf den Angriff vorbereiteten, und daß wir, wo alles aus Rand und Band geht, vergeffen, was gefchrieben fteht: Du follft dir gute Freunde mit dem böfen Mamon machen. Englands Allianz, fagt ihr, fei uns ficher. England ift uns ein lieber alter Bekannter, wenn es uns auch ftets nur ein felbftfüchtiger Genoffe war; aber in einer continentalen Krife kann uns England nicht retten. Hoffen wir, daß wieder einmal eine Zeit kommen wird, wo fich die natürlichen Bundesgenoffen zufammenfinden und wo man Oefterreich jene providentielle Rolle zuerkennt, die es nicht treulos und felbftfüchtig aufgegeben hat, fondern gedrängt und bedroht aufgeben mußte. Aber ehe das fo kommt, wird Europa, wie fich heute die Dinge anlaffen, eine Schule fchwerer Leiden durchmachen müffen und es kommt nur auf unfere Haltung an, ob wir, ohne dem Ganzen zu nützen, uns felbft fchaden, oder ob wir auf unfere eigene Rettung bedacht fein wollen.

Und was ift es, das von uns gefchehen muß, um auf unfere Rettung bedacht zu fein? Wir für unfern Theil gehören nicht zu den Bewunderern des amerikanifchen Syftems der Kriegführung, wo wochenlang früher in den Zeitungen die Unternehmungen befprochen werden, die zur Ausführung kommen follen. Uns gefällt beffer die Antwort des alten griechifchen Feldherrn, den einer feiner Officiere ausholen wollte, was er denn eigentlich für einen Plan habe: „Meinen Mantel würde ich verbrennen, wenn ich glauben könnte, er wiffe darum!" Uebrigens muß im diplomatifchen wie im militärischen Kampfe oft mehr der Augenblick dictiren, als daß man, wenn man auch wollte, vorher bestimmen könnte, was und wie es geschehen solle. Aber eines ist die Vorbedingung von allem, was da auch kommen möge: daß wir für's erste mit uns selbst in's reine zu kommen suchen. Alles übrige wird sich finden. Es schreiben sich mit feurigen Zügen drohende Zeichen an die Wand. Verpuffen wir die Zeit nicht mit häuslichem Zwist. Machen wir Friede unter uns und gehen wir klaren Blickes und festen Schrittes auf unser Ziel los, das kein anderes ist als die Erhaltung des Ganzen um der Erhaltung aller seiner Theile willen Böhmen kann eben so wenig je ein zweites Posen werden wollen, als Buda-Pest ein zweites Warschau, als Tirol, nach gespaltenem Leibe, zur Hälfte ein bairischer Kreis. Unser aller Hort ist Groß-Oesterreich; eine Revision der Karte von Europa wäre nicht nur der Todesstoß des Ganzen, sondern auch jedes einzelnen seiner Glieder. Wir gehören alle unauflöslich zu einander und zu unserem Kaiser und König. Bei uns leben Krone und Volksvertretung nicht in schlechter Ehe und sollen es, so Gott will, niemals. In versöhnlichem Einklang wollen wir das Werk verfassungsmäßiger Freiheit ausbauen, zu dem unser hochherziger Monarch den Grundstein gelegt; in selbstbewußter Kraft wollen wir den Sturm abwarten, der hereinbrechen wird, wenn nicht der Herrscher aller Zeiten seine Hand erhebt, vor der Zeit unsere Feinde zu Boden zu schlagen.

Als Anfangs Juli 1859 Lord Ellenborough dem geängsteten Parlament von London die Worte zurief: „Wenn wir nicht die Gnadenfrist benützen, die uns gegönnt ist, so gefährden wir, was jedem unserer Landsleute hochheilig und theuer ist: Englands Unabhängigkeit, Englands Ehre und Verfassung!", da erhob sich die männliche Jugend des dreieinigen Königreichs und strömte an allen Punkten zusammen, sich in Waffen zu üben, jedem drohenden Einfall mit bewehrter Fauft die Stirne zu bieten. Auch uns ist eine Gnadenfrist gegönnt, lassen wir sie nicht ungenützt verstreichen! Aber nicht um Waffentanz handelt es sich jetzt bei uns, wir haben für's erste nicht Kämpfe einzugehen, sondern beizulegen; und wenn wir Kämpfe eingehen, so seien es nur Wettkämpfe, deren Ziel und Preis die Wohlfahrt des Ganzen, das Glück des Vaterlandes, das Heil unseres Monarchen ist. Dies Ziel nicht zu verfehlen, diesen Preis nicht zu verlieren, haben wir keinen Augenblick zu säumen —

__Time is money!__